A Tract on Monetary Reform
• 1924 •

约翰·梅纳德·凯恩斯文集
JOHN MAYNARD KEYNES

货币改革略论

[英]约翰·梅纳德·凯恩斯 著
李井奎 译

复旦大学出版社

中文版总序

约翰·梅纳德·凯恩斯（John Maynard Keynes, 1883—1946）是20世纪上半叶英国最杰出的经济学家和现代经济学理论的创新者，也是世界公认的20世纪最有影响的经济学家。凯恩斯因开创了现代经济学的"凯恩斯革命"而称著于世，被后人称为"宏观经济学之父"。凯恩斯不但对现代经济学理论的发展做出了许多原创性的贡献，也对二战后世界各国政府的经济政策的制定产生了巨大而深远的影响。他逝世50多年后，在1998年的美国经济学会年会上，经过150名经济学家的投票，凯恩斯被评为20世纪最有影响力的经济学家（芝加哥学派的经济学家米尔顿·弗里德曼则排名第二）。

为了在中文语境里方便人们研究凯恩斯的思想，由李井奎教授翻译了这套《约翰·梅纳德·凯恩斯文集》。作为这套《约翰·梅纳德·凯恩斯文集》中文版的总序，这里不评述凯恩斯的经济学思想和理论，而只是结合凯恩斯的生平简略地介绍一下他的著作写作过程，随后回顾一下中文版的凯恩斯的著作和思想传播及翻译过程，最后略谈一下翻译这套《约翰·梅纳德·凯恩斯文集》的意义。

一

1883年6月5日，约翰·梅纳德·凯恩斯出生于英格兰的剑桥郡。凯恩斯的父亲约翰·内维尔·凯恩斯（John Neville Keynes, 1852—1949）是剑桥的一位经济学家，曾出版过《政治经济学的范围与方法》（1891）一书。凯恩斯的母亲佛洛伦丝·艾达·凯恩斯（Florence Ada Keynes, 1861—1958）也是剑桥大学的毕业生，曾在 20 世纪 30 年代做过剑桥市的市长。1897 年 9 月，年幼的凯恩斯以优异的成绩进入伊顿公学（Eton College），主修数学。1902 年，凯恩斯从伊顿公学毕业后，获得数学及古典文学奖学金，进入剑桥大学国王学院（King's College）学习。1905 年毕业后，凯恩斯获剑桥文学硕士学位。毕业后，凯恩斯又留剑桥一年，师从马歇尔和庇古学习经济学，并准备英国的文官考试。

1906 年，凯恩斯以第二名的成绩通过了文官考试，入职英国政府的印度事务部。在其任职期间，凯恩斯撰写了他的第一部经济学著作《印度的通货与金融》（*Indian Currency and Finance*, 1913）。

1908 年凯恩斯辞去印度事务部的职务，回到剑桥大学任经济学讲师，至 1915 年。他在剑桥大学所讲授的部分课程的讲稿被保存了下来，收录于英文版的《凯恩斯全集》（*The Collected Writings of John Maynard Keynes*, London: Macmillan, 1971—1983）第 12 卷。

在剑桥任教期间，1909 年凯恩斯以一篇讨论概率论的论文入选剑桥大学国王学院院士，而另以一篇关于指数的论文曾获亚当·斯密奖。凯恩斯的这篇概率论的论文之后稍经补充，于 1921 年以《概率论》（*A Treatise on Probability*）为书名出版。这部著作至今仍被认为是这一领域中极具开拓性的著作。

第一次世界大战爆发不久，凯恩斯离开了剑桥，到英国财政部工作。1919 年初，凯恩斯作为英国财政部的首席代表出席巴黎和会。同年 6 月，由于对巴黎和会要签订的《凡尔赛和约》中有关德国战败赔偿及其疆界方面的苛刻条款强烈不满，凯恩斯辞去了英国谈判代表团中首席代表的职务，重回剑桥大学任教。随后，凯恩斯撰写并出版了《和平的经济后果》（*The Economic Consequences of the Peace*, 1919）一书。在这部著作中，凯恩斯严厉批评了《凡尔赛和约》，其中也包含一些经济学的论述，如对失业、通货膨胀和贸易失衡问题的讨论。这实际上为凯恩斯在之后研究就业、利息和货币问题埋下了伏笔。这部著作随后被翻译成多种文字,使凯恩斯本人顷刻之间成了世界名人。自此以后,"在两次世界大战之间英国出现的一些经济问题上,更确切地说,在整个西方世界面临的所有重大经济问题上,都能听到凯恩斯的声音,于是他成了一个国际性的人物"(Partinkin, 2008, p.687)。这一时期,凯恩斯在剑桥大学任教的同时,撰写了大量经济学的文章。

1923年,凯恩斯出版了《货币改革论》(*A Tract on Monetary Reform*, 1923)。在这本书中,凯恩斯分析了货币价值的变化对经济社会的影响,提出在法定货币出现后,货币贬值实际上有一种政府征税的效应。凯恩斯还分析了通货膨胀和通货紧缩对投资者和社会各阶层的影响,讨论了货币购买力不稳定所造成的恶果以及政府财政紧缩所产生的社会福利影响。在这本著作中,凯恩斯还提出了他自己基于剑桥方程而修改的货币数量论,分析了一种货币的平价购买力,及其与汇率的关系,最后提出政府货币政策的目标应该是保持币值的稳定。凯恩斯还明确指出,虽然通货膨胀和通货紧缩都有不公平的效应,但在一定情况下通货紧缩比通货膨胀更坏。在这本书中,凯恩斯还明确表示反对在一战前的水平上恢复金本位制,而主张实行政府人为管理的货币,以保证稳定的国内物价水平。

1925年,凯恩斯与俄国芭蕾舞演员莉迪亚·洛波科娃(Lydia Lopokowa, 1892—1981)结婚,婚后的两人美满幸福,但没有子嗣。

《货币改革论》出版不到一年,凯恩斯就开始撰写他的两卷本的著作《货币论》(*A Treatise on Money*, 1930)。这部著作凯恩斯断断续续地写了5年多,到1930年12月才由英国的麦克米兰出版社出版。与《货币改革论》主要是关心现行政策有所不同,《货币论》则是一本纯货币理论的著作。"从传统的学术观点来看,《货币论》确实是凯恩斯最雄心勃勃和最看重的一部著作。这部著作分为'货币的纯理论'和'货币的应用理论'上下两卷,旨在使他自己能获得与他在公共事务中已经获得的声誉相匹配的学术声誉"

(Partinkin, 2008, p.689)。该书出版后,凯恩斯在1936年6月"哈里斯基金会"所做的一场题为"论失业的经济分析"讲演中,宣称"这本书就是我要向你们展示的秘密——一把科学地解释繁荣与衰退(以及其他我应该阐明的现象)的钥匙"(Keynes, 1971—1983, vol.13, p.354)。但是凯恩斯的希望落了空。这部书一出版,就受到了丹尼斯·罗伯逊(Dennis Robertson)、哈耶克(F. A. von Hayek)和冈纳·缪尔达尔(Gunnar Myrdal)等经济学家的尖锐批评。这些批评促使凯恩斯在《货币论》出版后不久就开始着手撰写另一本新书,这本书就是后来的著名的《就业、利息和货币通论》(Keynes, 1936)。

实际上,在这一时期,由于凯恩斯广泛参与了英国政府的经济政策的制定和各种公共活动,发表了多次讲演,在1931年凯恩斯出版了一部《劝说集》(Essays in Persuasion, 1931),其中荟集了著名的凯恩斯关于"丘吉尔先生政策的经济后果"(The Economic Consequence of Mr Churchill, 1923)、"自由放任的终结"(The End of Laissez-faire, 1926)等小册子、论文和讲演稿。1933年,凯恩斯出版了《通往繁荣之道》(The Means to Prosperity, 1933),同年还出版了一本有关几个经济学家学术生平的《传记文集》(Essays in Biography, 1933)。

在极其繁忙的剑桥的教学和财务管理工作、《经济学杂志》的主编工作及广泛的社会公共事务等等活动间歇,凯恩斯在1934年底完成了《就业、利息和货币通论》(《通论》)的初稿。经过反复修改和广泛征求经济学家同行们的批评意见和建议后完稿,于1936年1月由英国麦克米兰出版社出版。在《通论》中,凯恩斯创造了许多经济学的新概念,如总供给、总需求、有效需求、流动性偏好、边际消费倾向、乘数、预期收益、资本边际效率、充分就业,等等,运用这些新的概念和总量分析方法,凯恩斯阐述了在现代市场经济中收入和就业波动之间的关系。他认为,按照古典经济学的市场法则,通过供给自行创造需求来实现市场自动调节的充分就业是不可能的。因为社会的就业量决定于有效需求的大小,后者由三个基本心理因素与货币量决定。这三个基本心理因素是:消费倾向,对资本资产未来收益的预期,对货币的流动偏好(用货币形式保持自己收入或财富的心理动机)。结果,消费增长往往赶不上收入的增长,储蓄在收入中所占的比重增大,这就引起消费需求不足。对资本资产未来收益的预期决定了资本边际效率,企业家对预期的信心不足往往会造成投资不足。流动偏好和货币数量决定利息率。利息率高,会对投资产生不利影响,也自然会造成投资不足。结果,社会就业量在未达到充分就业之前就停止增加了,从而出现大量失业。凯恩斯在就业、利息和货币的一般理论分析基础上所得出的政策结论就是,应该放弃市场的自由放任原则,增加货币供给,降低利率以刺激消费,增加投资,从而保证社会有足够的有效需求,实现充分就业。这样,与古典经济学家和马歇尔的新古典经济学的理论分析有所不同,凯恩斯实际上开创了经济学的总量分析。凯恩斯也因之被称为"宏观经济学之父"。实际上,凯恩斯自己也更加看重这本著作。在广为引用的凯恩斯于1935年1月1日写给萧伯纳(George Bernard Shaw)的信中,在谈到他基本上完成了《就业、利息和货币通论》这部著作时,凯恩斯说:"我相信自己正在撰写一本颇具革命性的经济理论的书,我不敢说这本书立即——但在未来10年中,将会在很大程度上改变全世界思考经济问题的方式。当我的崭新理论被人们所充分接受并与政治、情感和激情相结合,它对行动和事务所产生的影响的最后结果如何,我是难以预计的。但是肯定将会产生一个巨变……"(转引自 Harrod, 1950, p.545)。诚如凯恩斯本人所预期到的,这本书出版后,确实引发了经济学中的一场革命,这在后来被学界广泛称为"凯恩斯革命"。正如保罗·萨缪尔森在他的著名的《经济学》(第10版)中所言:"新古典经济学的弱点在于它缺乏一个成熟的宏观经济学来与它过分成熟的微观经济学相适应。终于随着大萧条的出现而有了新的突破,约翰·梅纳德·凯恩斯出版了《就业、利息和货币通论》(1936)。从此以后,经济学就不再是以前的经济学了。"(Samuelson, 1976, p.845)

在《通论》出版之后,凯恩斯立即成为在全世界有巨大影响的经济学家,他本人也实际上成了一位英国的杰出政治家(statesman)。1940年,凯恩斯重新回到了英国财政部,担任财政部的顾问,参与二战时期英国政府一些财政、金融和货币问题的决策。自《通论》出版后到第二次世界大战期间,凯恩斯曾做过许多讲演,这一时期的讲演和论文,汇集成了一本名为《如何筹措战费》(*How to Pay for the War*, 1940)的小册子。1940年2月,在凯恩斯的倡议下,英国政府开始编制国民收入统计,使国家经济政策的制定有了必要的工具。因为凯恩斯在经济学理论和英国政府经济政策制定方面的巨大贡献,加上长期担任《经济学杂志》主编和英国皇家经济学会会长,1929年他被选为英国科学院院士,并于1942年被英国国王乔治六世(George VI)晋封为勋爵。

自从1940年回到英国财政部,凯恩斯还多次作为英国政府的特使和专家代表去美国进行谈判并参加各种会议。1944年7月,凯恩斯率英国政府代表团出席布雷顿森林会议,并成为国际货币基金组织和国际复兴与开发银行(后来的世界银行)的英国理事,在1946年3月召开的这两个组织的第一次会议上,凯恩斯当选为世界银行第一任总裁。

这一时期,凯恩斯除了继续担任《经济学杂志》的主编外,还大量参与英国政府的宏观经济政策的制定和社会公共活动。极其紧张的生活和工作节奏,以及代表英国在国际上的艰苦的谈判,开始损害凯恩斯的健康。从1943年秋天开始,凯恩斯的身体健康开始走下坡路。到1945年从美国谈判回来后,凯恩斯已经疲惫不堪,处于半死不活的状态(Skidelsky, 2003, part 7)。1946年4月21日,凯恩斯因心脏病突发在萨塞克斯(Sussex)家中逝世。凯恩斯逝世后,英国《泰晤士报》为凯恩斯所撰写的讣告中说:"要想找到一位在影响上能与之相比的经济学家,我们必须上溯到亚当·斯密。"连长期与凯恩斯进行理论论战的学术对手哈耶克在悼念凯恩斯的文章中也写道:"他是我认识的一位真正的伟人,我对他的敬仰是无止境的。这个世界没有他将变得更糟糕。"(Skidelsky, 2003, p.833) 半个多世纪后,凯恩斯传记的权威作者罗伯特·斯基德尔斯基在其 1 000 多页的《凯恩斯传》的最后说:"思想不会很快随风飘去,只要这个世界需要,凯恩斯的思想就会一直存在下去。"(同上,p.853)

二

1929—1933 年,西方世界陷入了有史以来最为严重的经济危机。面对这场突如其来的大萧条,主要西方国家纷纷放弃了原有自由市场经济的传统政策,政府开始以各种形式干预经济运行,乃至对经济实施管制。当时,世界上出现了德国和意大利的法西斯主义统制经济及美国罗斯福新政等多种国家干预经济的形式。第二次世界大战期间,许多西方国家按照凯恩斯经济理论制定和实施了一系列国家干预的政策和措施。凯恩斯的经济理论随即在世界范围内得到广泛传播。这一时期的中国,正处在南京国民政府的统治之下。民国时期的中国经济也同样受到了世界经济大萧条的冲击。在这样的背景之下,中国的经济学家开始介绍凯恩斯的经济理论,凯恩斯的一些著作开始被翻译和介绍到中国。从目前来看,最早将凯恩斯的著作翻译成中文的是杭立武,他翻译的《自由放任的终结》(书名被翻译为《放任主义告终论》,凯恩斯也被译作"坎恩斯"),1930 年由北京一家出版社出版。凯恩斯 1940 年出版的小册子《如何筹措战费》,也很快被翻译成中文,由殷锡琪和曾鲁两位译者翻译,由中国农民银行经济研究处 1941 年出版印行。在民国时期,尽管国内有许多经济学家如杨端六、卢逢清、王烈望、刘觉民、陈国庆、李权时、陈岱孙、马寅初、巫宝三、杭立武、姚庆三、徐毓枏、滕茂桐、唐庆永、樊弘、罗蘋苏、胡代光、刘涤源和雍文远等人,都用中文介绍了凯恩斯的经济学理论,包括他的货币理论和财政理论,但由于凯恩斯的货币经济学著作极其艰涩难懂,他的主要经济学著作在民国时期并没有被翻译成中文。这一时期,凯恩斯的经济学理论也受到一些中国经济学家的批评和商榷,如哈耶克的弟子、时任北京大学经济学教授的蒋硕杰,等等。

在中文语境下,最早完成凯恩斯《通论》翻译的是徐毓枬。徐毓枬曾在剑桥大学攻读经济学博士,还听过凯恩斯的课。从剑桥回国后,徐毓枬在中国的高校中讲授过凯恩斯的经济学理论。实际上,早在1948年徐毓枬就完成了《通论》的翻译,但经过各种波折,直到1957年才由三联书店出版。后来,徐毓枬翻译的凯恩斯的《通论》中译本也被收入商务印书馆的汉译世界学术名著丛书系列(见宋智丽、邹进文,2015,第133页)。1999年,高鸿业教授重译了凯恩斯的《通论》,目前是在国内引用最多和最权威的译本。2007年南海出版公司曾出版了李欣全翻译的《通论》,但在国内并不是很流行。1962年,商务印书馆出版过由蔡受百翻译的凯恩斯的《劝说集》。凯恩斯的《货币论》到1997年才被完整地翻译为中文,上卷的译者是何瑞英(1986年出版),下卷则由蔡谦、范定九和王祖廉三位译者翻译,刘涤源先生则为之写了一个中译本序言,后来,这套中译本也被收入商务印书馆的汉译世界学术名著丛书。2008年,陕西师范大学出版社出版了凯恩斯《货币论》另一个汉译本,上卷由周辉翻译,下卷由刘志军翻译。凯恩斯的《和约的经济后果》由张军和贾晓屹两位译者翻译成中文,由华夏出版社2008年出版。凯恩斯的《印度的货币与金融》则由安佳翻译成中文,由商务印书馆2013年出版。凯恩斯的《货币改革论》这本小册子,多年一直没见到甚好的中译本,直到2000年,才由改革出版社出版了一套由李春荣和崔铁醴编辑翻译的《凯恩斯文集》上中下卷,上卷中包含凯恩斯的《货币改革论》的短篇,由王利娜、陈丽青和李晶翻译。到2013年,由中国社会科学出版社重新出版了这套《凯恩斯文集》,分为上、中、下三卷,由李春荣和崔人元主持编译。

三

尽管凯恩斯是20世纪最有影响力的经济学家,但是,由于其经济学理论尤其难懂且前后理论观点多变,英语语言又极其优美和灵活,加上各种各样的社会原因,到目前为止,英文版的30卷《凯恩斯全集》还没有被翻译成中文。鉴于这种状况,李井奎教授从2010年之后就致力于系统地翻译凯恩斯的主要著作,先后翻译出版了《劝说集》(2016)、《通往繁荣之路》(2016)、《〈凡尔赛和约〉的经济后果》(2017)、《货币改革略论》(2017)。这些译本将陆续重新收集在本套丛书中,加上李井奎教授重译的凯恩斯的《货币论》《印度的通货与金融》《就业、利息和货币通论》,以及新译的《论概率》《传记文集》等,合起来就构成这套完整的《约翰·梅纳德·凯恩斯文集》。这样,实际上凯恩斯出版过的主要著作绝大部分都将被翻译成中文。

自1978年改革开放以来,中国开启了从中央计划经济向市场经济的制度转型。到目前为止,中国已经基本形成了一个现代市场经济体制。在中国市场化改革的过程中,1993年中国的国民经济核算体系已经从苏联、东欧计划经济国家采用的物质产品平衡表体系(简称MPS)的"社会总产值",转变为西方成熟市场经济体制国家采用的国民经济统计体系,简称SNA核算,从而国内生产总值(GDP)已成了中国国民经济核算的核心指标,也就与世界各国的国民经济核算体系接轨了。随之,中国政府的宏观经济管理包括总需求、总供给、CPI、货币、金融、财政和汇率政策,也基本上完全与现代市场经济国家接轨了。这样一来,实际上指导中国整个国家的经济运行的经济理论也不再是古典经济学理论和斯大林的计划经济理论了。

现代的经济学理论,尤其是宏观经济学理论,在很大程度上可以说是由凯恩斯所开创的经济学理论。但是,由于一些经济学流派实际上并不认同凯恩斯的经济学理论,在国际和国内仍然常常出现一些对凯恩斯经济学的商榷和批判,尤其是凯恩斯经济学所主张的政府对市场经济过程的干预(实际上世界各国政府都在这样做),为一些学派的经济学家所诟病。更为甚者,一些经济学人实际上并没有认真读过凯恩斯的经济学原著,就对凯恩斯本人及其经济学理论(与各种各样的凯恩斯主义经济学有区别,英文为"Keynesian economics")进行各种各样的批判,实际上在许多方面误读了凯恩斯原本的经济学理论和主张。在此情况下，系统地把凯恩斯的主要著作由英文翻译成中文，以给中文读者一个较为容易理解和可信的文本，对全面、系统和较精确地理解凯恩斯本人的经济学理论，乃至对未来中国的理论经济学的发展和经济改革的推进，都有着深远的理论与现实意义。

是为这套《约翰·梅纳德·凯恩斯文集》的总序。

韦 森

2020年7月5日谨识于复旦大学

参考文献

Harrod, Roy, F., 1951, *The Life of John Maynard Keynes*, London: Macmillan.

Keynes, John Maynard, 1971-1983, *The Collective Writings of John Maynard Keynes*, 30 vols., eds. by Elizabeth S. Johnson, Donald E., Moggridge for the Royal Economic Society, London: Macmillan.

Partinkin, Don, 2008, "Keynes, John Maynard", in Steven N. Durlauf & Lawrence E. Blume eds., *The New Palgrave Dictionary of Economics*, 2nd ed., London: Macmillan, vol.4, pp.687-717.

Samuelson, Paul A. 1976, *Economics*, 10th ed., New York: McGraw-Hill.

Skidelsky, Robert, 2003, *John Maynard Keynes 1883-1946, Economist, Philosopher, Stateman*, London: Penguin Book.

宋丽智、邹进文：《凯恩斯经济思想在近代中国的传播与影响》，《近代史研究》，2015年第1期，第126—138页。

绪　言

我们把储蓄交给私人投资者，鼓励他主要以赚钱为目的来安置储蓄。我们把生产运行之责交给实业家，这些人则主要根据货币计量的预期利润增加额来行事。那些不主张对现有社会组织制度进行激烈变革的人士认为，这些安排符合人类的本性，具有巨大的优势。但是，如果这些我们原本认为是价值的稳定衡量标准的货币变得不再可靠，那么，现存的社会组织制度就无法良好地运行。失业、工人生活的不安定、预期的落空、储蓄的突然蒸发、有人大发横财、投机分子和牟取暴利者横行于世——所有这些现象很大程度上都是由价值标准的不稳定所造成。

一般认为，生产成本包括三重意涵，分别对应着劳动力、事业心（enterprise）和资本积累所取得的报酬。但还有第四重成本，那就是风险；承担风险所获得的回报，是生产最重大、可能也是最不可避免的负担。价值标准的不稳定，更是极大地加重了风险这一因素的作用。货币改革使我国以及整个世界广泛采用了健全的货币原则，这将降低**风险**所带来的浪费。眼下这种浪费极大地消耗了我们的个人财产。

保守主义的观念认为，它们在货币领域比在其他任何领域都要更加适宜些；然而，没有任何地方比这个领域更迫切地需要创新的了。人们经常告诫说，要想对货币问题进行科学的处理根本没有可能，因为银行界从智识上就没有能力理解它们所面临的问题。如果此话当真，那么它们所代表的社会秩序就会趋于衰败。但我却不这么认为。我们所缺乏的只是对真实的情况做一番清晰的分析，而并不缺乏理解既有理论分析的能力。如果现在在许多方面发展出来的这些新思想健全而正确，那么，我毫不怀疑它们迟早会大行于天下。我恭敬地、自作主张地将此书献给英格兰银行的管理者和董事会。较之于以前，他们现在和将来肩负着比过去更加艰巨和紧迫的任务。

J.M.凯恩斯

1923 年 10 月

法文版绪言[1]

货币世界的形势总是瞬息万变;但这并不是说,它的原理也会快速转变。因此,在我将此书呈给法国公众时,如果我打算多说几句,把本书的原理应用于法国过去6个月中财政状况所发生的变化,想来是可以得到谅宥的。

长期以来,我一直认为,除非法国财政部的政策发生翻天覆地的变化,大大跨越其在政治上的可行性,否则法郎价值大跌就是不可避免的。现在,这种大跌已然发生。在公众内心,法郎价值大跌会增加他们的不信任感和恐惧感,而社会上也会弥漫着悲观的气息。尽管如此,较之于大跌发生以前,现在若要去求得财政上的均衡,还是更容易了呢。

让我首先澄清某些观点和看法,它们在过去似乎影响到了舆论,但却与理智之见完全对立:

1. 官方从未承认,无论是以黄金还是以大宗商品计,法郎的价值

---

[1] 《货币改革略论》一书1923年12月11日在英国首次出版,后来又出版了美国版、法文版、德文版、意大利文版、丹麦文版和日文版。在这些版本中,只有法文版的绪言与英文版的不同,在此,我们特意把这篇法文版绪言一同译出,以飨读者。——译者注

可以固定在任何不是战前黄金平价的其他价值水平上。这是非常荒谬的。且不论其他那些不可容忍的后果，单就恢复战前黄金平价这一项政策而论，就将使法国的国家债务增加四倍。在这种情况下，债务持有者的债权总额实际上几乎和全法国的财富相当了，这一点并不难计算。从来没有哪一位法国财政部部长能平衡这样的预算。因此，除非任由按黄金或大宗商品计的法郎**永远不会**企稳，否则，这种最终复归战前平价的幻想就必须抛弃。

2. 每当法郎价值下跌时，财政部部长都确信这是出于经济因素之外的其他原因造成的，并把它归罪到交易所里外国人的操纵，或归结为"投机因素"所带来的神秘而恶毒的影响。从理智上来说，这和非洲巫医把牛的疾病归因于旁观者"邪恶的眼神"或坏天气败坏了某位神祇的胃口，又有什么分别？

首先，与正常业务的交易量相比，所谓的投机量总是极小的。其次，成功的投机者是通过预测而不是修改现有经济趋势而获利的。最后，大部分的投机行为——尤其是"空头"投机行为——持续时间都是极为短暂的，因此交易的终结很快就会带来与其初始效应等量的影响，而且方向相反。此外，自从停战协定签订之日起，[1]总的说来，对法郎有利的投机活动要多于对法郎不利的投机活动。至少我可以证明，有很多英国人，甚至很多美国人，为了从法郎升值中获利而购买法郎或用法郎进行投资，结果赔了一大笔钱。

我请求法国的读者注意本书第二章和第三章的论点，因为只有在

---

[1] 1918年11月11日，法军统帅斐迪南·福煦代表协约国与德国代表在法国东北部贡比涅森林雷道车站的福煦车厢里签订了关于第一次世界大战的停战协定，该协定的签订标志着第一次世界大战以同盟国的失败而宣告结束。——译者注

人们对固定汇率所带来的真正影响一无所知的情况之下，才会存在对投机的迷信。不过，在对投机的影响略加估计时，我并没有把对一种货币未来前景的普遍不信任所产生的影响计算在内。关于这一点，我稍后还会述及。

3. 一般认为，法郎是不会贬值的，因为法国是一个富裕、节俭而又勤劳的国家，而且法国的贸易余额表面上看来也相当令人满意。这种看法还是因为人们对最终决定货币价值的原因存在认识上的混乱造成的。一个非常富裕的国家，它的货币可以非常疲软，而一个非常贫穷的国家，它的货币也可以是非常坚挺的。法国的财富和它的贸易余额，可能会使法国当局更容易追求健全的货币政策。但是，这两者并不是一回事。一国货币单位的价值并不是其财富，甚或也不是其贸易余额的函数。

那么，又是什么决定了法郎的价值呢？首先是流通中法郎的数量，这既包括现在流通中的部分，也包括预期的部分。其次是适合于公众以货币形式持有的购买力的大小。（我想，我在本书第三章第一节表述的那种形式的货币数量论，对于很多法国读者可能是相当新奇的。）这两种因素中的第一种，也即货币的数量，主要取决于法国财政部的贷款和预算政策。其中的第二种因素（在当前的情势下）则主要取决于公众对法郎价值前景是否有信心。

由于汇率大约为120法郎兑换1英镑，所以，在外部观察人士看来，要完成前一项任务似乎并不是很困难。当国内价格相对于汇率自行调整时，以法郎的纸币形式征收现有税收的收益自然会增加。从另一方面来看，最大的支出项目，即国内债务的偿还，将会维持在之前的水平上。因此，即使不考虑增加的税收收入，只要公众对本国货币的前景始终抱有信心，那么，汇率变化自身就有一种使预算朝均衡方向恢复的趋势。

因此，问题的关键在于第二个因素，也就是法国公众对待他们自己国家货币的态度才是至关重要的。我要强调的是这样一个事实：当前事态的发展仍握于法国人自己之手，而非任何一国的外人所能操控。因为外国人手中掌握的法郎数量可能并不是很大，比他们在令人感到失望的"牛市"操作中所剩下的法郎多不了多少；而外国人要在"熊市"大规模出售他们并不拥有的法郎，则难如登天。另一方面，法国国内持有的法郎票据、债券和其他短期投资，规模也颇为巨大，远远超出了便利商业交易所需的最低要求。如果法国人意识到（正如俄国人、美国人、德国人依次所做的那样），本国的法定货币以及法定货币所有权代表的乃是一种不断贬值的资产，那么，此时距离法郎贬值也就为期不远了。因为在这种情况下，他们将减少对这类资产的持有，尽量在他们的钱袋或保险柜里不存法兰西银行的支票，不但要把他们手中的国库券换成现金，还会把他们的统一公债给售卖出去。对于这类的行为，并没有什么法律或规章可以限制他们不这样做。而且，这个过程还会不断累积；因为对法郎资产持续变现，并把它转换为"真正价值"的行为，会激起法郎的进一步贬值，这又似乎证实了那些率先从法郎资产上逃离之人的先见之明，由此而为第二次信心危机做好了铺垫。

在这种情况下，即使预算改革或有利的贸易盈余，也无法阻止法郎的贬值。因为政府必须吸收那些公众已经不再有兴趣持有的多余的纸币、银行票据或法郎债券，但这又是一项超出政府能力范围的任务。从许多国家的经验来看，预算失衡是信用崩溃的初始原因，而一旦公众的信心被瓦解，开始减持本国的法定货币时，真正的衰退才会到来。

因此，法国政府目前的中心任务，是要在最大范围内维持法国公众对法郎的信心。因为最终毁灭法郎的是国内公众信心的灭失，而非外国人的投机（尽管外国人和法国人都会利用货币的崩溃来牟取暴利）。

现在，如果他们把路子走对，要恢复和维持公众的信心就没有什么不可能的。俄罗斯、奥地利和德意志，虽有成例在前，却并不是全然可以借鉴。那些根据之前发生的这类经验来预测法郎未来的人士，可能会铸成大错。因为在那些国家，预算平衡问题在其早期阶段实际上已无解决之可能。所以，货币崩溃最初的推动力也就成了持续不断的推动力。这在法国却不是这样。只要经济重建的支出可以予以合理推迟，要实现财政的均衡并不是不可能的。对于普恩加莱先生[1]和法国财政部在这个方向上所做的努力，我极力赞成。但是，仅此尚不足够。恢复公众的信心同样是必不可少的；而在这方面，德·拉斯特里先生（M.de Lasteyrie）[2]所采取的每一步行动都显得极不明智。

货币的信用建立在一种什么样的基础之上呢？它们与银行的道理是一样的。只要银行的客户对取出其在银行的存款并随心所欲地变换成其他资产保有充分的信心，那么，银行就可以吸引储户从而留住他们的存款。只要这种提款的自由毋庸置疑，那么，提款也就不会集中出现，银行的存款就可以得到保留并不断增长。而一旦在这方面出现了问题，银行存款就会萎缩甚至消失。货币也是如此。人们之所以

---

1 即时任法国总理雷蒙·普恩加莱（Raymond Poincaré, 1860—1934）。——译者注

2 即查尔斯·德·拉斯特里（Charles de Lasteyrie, 1877—1936），法国银行家和政治家，于1922年到1924年担任法国财政大臣。——译者注

以货币的形式持有其一部分资产，乃是因为他们相信货币可以比其他的储蓄形式更容易、更自由地与其他他们所将选择的任何一种价值实体相交换。如果这一信念被证明并不可靠，那么，他们就不会再持有货币，而且也没有什么能够勉强他们继续持有货币。

现在，德·拉斯特里先生推行的大部分管制措施，其基本目标是要限制法郎持有者兑换其他价值形式的自由。因此，这些措施非但不能保护法郎并恢复其信用，还可能会直接瓦解公众对法郎的信心，并摧毁其信用基础。正是因为它们会毁弃货币的功用，所以，如此庞杂的管制措施足以摧毁这个世界上的任何一种货币。一旦人们对法郎（或国库券）是否还是一种真正的流动性资产感到疑虑，这些价值手段就不再值得被人们所持有，而在疑虑变成现实之前，持有者会竞相抛售它们，以免给自己带来更大的障碍。

这个例子颇具启发意义，他们本来的目标是要阻止投机性操作，而管制措施却产生了相反的效果。那些以各种方式卖空有问题的货币的人们，绝不会因为这些管制措施而受到干扰；这是因为他们能满怀信心地预期，只要有需要，他们就可以在适当的时机**买入**货币进行平仓。另一方面，那些处在多头位置上的人们必须在某个稍迟的时间点上**卖出**货币，这些人会忙作一团，急于将持有的货币脱手，以挽回自己的损失。正是出于这一原因，对交易所交易自由的干预威胁，无一例外地会使力图管制住的货币价值无法稳住，而不得不贬值。这就像一个人一旦有理由认为他将来可能无法自由地取款，不管需不需要，他都要把他在银行中的存款提出来一样，因此，如果普通公众和金融界担心以后取款的自由受到限制，他们一样会把资源从这种货币中抽取出来。

那么，面临这些弥漫在周围的种种危险，法国财政部又该采取什么样的政策呢？答案一目了然。首先，政府必须加强它的财政地位，从而使其在控制货币总量上的能力让人无可怀疑，这一步的必要性已经得到了认可。其次——尤其是在第一步能够完全进入预定状态之前所必需的那个空当中——政府必须充分恢复公众对法郎的信心，让他们感觉，如果不那么急需，仅凭谨慎小心就售出法郎并不值得——这一步的必要性似乎被忽略了，但它同样是非常必要的。

要实现后一种目标，就要推翻近来推行的限制交易的政策，不再对黄金进行无意义的储藏，不再推行相对较低的银行利率，不再对财政部和法兰西银行的真实情况讳莫如深。下面三点是对有必要予以推行的主要措施进行的总结：

1. 所有对使用法郎购买外国货币、外国债券或商品的限制，无论是对即期交易还是对延期支付做出的限制，都应全面取消。

2. 法兰西银行的贴现率应该提高到一个较高的水平，在当前形势下不要低于10%（尽管在相当长一段时间内维持这样一个高利率并不一定有其必要），为的是抵消对法郎可能贬值的预期，无论这种预期是有根据的还是没有根据的。鉴于法国政府债券目前的高利率（更不用说远期汇率的利率了），当前的贴现率与金融形势的现实情况并不相符，而且会激起过度的借款。可能等到本书付梓之时，法兰西银行的利率已经因为受到影响而有所提高了。

3. 应该从法兰西银行尚为充裕的黄金储备中提取一笔相当可观的数目，通过全部售出或者以此为基础进行借款，以之作为对外信用的基础，以便在财政改革能够发挥其全部作用之前，毫不犹豫地支持接近当前水平的汇率，并恢复公众的信心。

我敢保证，这些简单而又久经考验的措施，再结合政治方面的节制、强大的经济实力和税收能力（没有这些，其他措施最终也无从谈起），必当会产生奇效。经过几周这样的治疗之后，如果普恩加莱先生（或其继任者）对即将发表的专家报告也能予以宽厚地接纳的话，那么法郎将会稳如磐石。不过，另一方面来看，如果公众对法郎的不信任被以宗教裁判所的方法来解决，如果法国人更偏爱隐蔽的通货膨胀资本税而不是其他形式的税收，如果法国保持着欧洲的那种麻烦不断的和平状态，那么，法郎可能难逃其他那些曾显赫一时的货币的命运。

J.M.凯恩斯

1924 年 3 月

目录

001 / **中文版总序**

001 / **绪言**

001 / **法文版绪言**

001 / 第一章　币值变动的社会后果

031 / 第二章　公共财政与币值的变化

055 / 第三章　货币和汇率理论

108 / 第四章　货币政策的若干不同目标

139 / 第五章　关于将来如何调节货币的正面建议

160 / **译者跋**

第一章　币值变动的社会后果

使用货币可以取得设法想要取得之物，这是货币唯一有意义的地方。因此，货币单位的变化，若是在效果上对各方都是一样的，对一切交易的影响都是均等的，那就无关紧要。而如果价值的既定标准发生了变化，一个人关于一切权利、一切努力的成果，所得之价用货币来算比以前提高了一倍，对于一切所获之物、一切享受，他所需付出的货币代价也两倍于从前，那么，这对他的生活来说就毫无影响。

由此，我们可以知道，货币价值——也即价格水平——的变化，只有在它的影响所及不均等时，才对社会有重要意义。这类变化过去曾经、现在也正在对社会发生着巨大影响，这是因为，正如我们所有人都知道的那样，当币值发生了变化，它**并不是**均等地施及所有人或所有目的的。一人之所得和其所出，并不是在同一比例上发生改变的。这样，价格和收益上的变化，当用货币来计量时，对不同阶层的影响一般来说是不均等的，财富从一个阶层手中转移到另一个阶层手中，让这里一夜暴富，那里穷困受窘，幸运之神重新分配她的恩惠之时，又使得几人计划受挫，几人希望落空。

自1914年以来币值的波动，起伏之大，影响之广，堪称现代经济史上最重大的事件之一。无论是以金、银,还是纸币来计的价值标准,其波动的剧烈程度都是前无古人的。还不仅如此,而且所侵袭过的社会,与以往任何旧时代下的社会相比,在性质上也有所不同,按照一般的看法,在现代社会经济组织下,价值标准是相当稳定的。

在拿破仑战争以及战后紧接着的那一段时期,英国物价波动最为剧烈之时,一年之内涨落差距也不过是22%;在二十世纪前25年,物价水平达到了最高峰,我们一向把这段时期看成货币史上最为紊乱的一个时期,但是就前面的13年这一时间段而言,最高价格水平也尚不到最低价格水平的一倍以上。将这和过去9年骇人听闻的变动趋势进行比较,结果更加显而易见。为了让读者对确切的事实能够有所回忆,敬请读者参阅下面的表格(表1)。

表1 批发物价指数(以1913年为基年)[1]

月均	英国[2]	法国	意大利	德国	美国[3]	加拿大	日本	瑞典	印度
1913	100	100	100	100	100	100	100	100	—
1914	100	102	96	106	98	100	95	116	100
1915	127	140	133	142	101	109	97	145	112
1916	160	189	201	153	127	134	117	185	128
1917	206	262	299	179	177	175	149	244	147
1918	227	340	409	217	194	205	196	339	180
1919	242	357	364	415	206	216	239	330	198
1920	295	510	624	1 486	226	250	260	347	204
1921	182	345	577	1 911	147	182	200	211	181
1922	159	327	562	34 182	149	165	196	162	180
1923[4]	159	411	582	765 000	157	167	192	166	179

---

1 此处的数字采自国际联盟的《统计月报》。

2 到1919年,数字采自《统计学家》;之后则取《经济学家》《统计学家》和商业贸易委员会三家指数的中位数。

3 劳工局指数(经修正过)。

4 上半年。

在这张表格中，我没有把俄罗斯、波兰和奥地利列入进来，这些国家的旧有货币早已破产。不过，我们可以观察到，即便把这些饱受革命或战败蹂躏的国家排除在外，这个世界仍然找不到一处躲过这种货币剧变之劫的地方。在美国，金本位制度尚且运行如常，在日本，战争带来的是收益而非负债，在中立国瑞典，货币价值的变化与英国的情况相比不相上下。

从1914年到1920年，相对于商品供给的扩张，所有国家都经历了一场货币供给的扩张，这就是说，产生了**通货膨胀**。自1920年以来，重新控制了金融局势的那些国家，不满足于只是结束通胀，又过分地缩减了货币的供给，造成**通货紧缩**的苦果。其他一些还没有控制住金融局势的国家，其通胀的趋势较之以往更是一发不可收。在一些国家（意大利就是其中之一），由于相对稳定的价格所带来的理想结果，希望实现通缩的轻率的想法已经被无可驾驭的金融局势给打消了。

无论是通胀还是通缩，都会带来巨大的损害。在改变不同阶层之间财富的**分配**上，二者皆会有所影响，但是在这方面通货膨胀更加要不得。对于财富的**生产**二者也都会发生影响，然而在这里通胀会带来过度刺激，通缩则会使财富的生产减慢，这方面通货紧缩危害更大一些。因此，对于我们在讨论时可以采用的最为便利的方法，就是把问题进行分类：先来分析货币价值变动对财富分配的影响，此时我们主要关注的是通货膨胀；接下来再考察这类变动对财富生产的影响，此时主要关注的则是通货紧缩。过去九年价格变化是如何影响整个国家的生产效率，以及它们又是如何影响各个社会阶层之间的利益冲突和互相关系的呢？对这些问题进行回答，就要明确灾难的严重性，并寻找解救之法，这也是本书意欲探究的目标所在。

I. 币值的变动对分配的影响

出于探究的方便，我把社会分成三个阶层——投资者阶层、企业家阶层和工资劳动者。这些阶层彼此会有所重叠，同样一个人可能既有工资收入，也经营实业，并且进行投资；但是，在当前的社会体制下，这样一个阶层划分，与社会分层和利益的实际分化是相符的。

i 投资者阶层

在货币的各种职能当中，有一些主要是以其实际价值在一定时期内基本上固定不变这一假设为前提的。这当中，主要是那些与广义上的**货币投放**（investment of money）契约相关的职能。这类契约——规定在一段较长时期内如何支付一定数额的货币的那种契约——是我们为了方便而称其为**投资制度**（investment system）的特征所在，这一制度与产权制度一般来说是有所区别的。

资本主义的这个阶段是在十九世纪发展起来的。在这一阶段上，很多措施都是为了使财产的所有权和管理权彼此分离而设计出来的。这些措施主要有三种类型：（1）财产所有人与财产管理相分离，但仍然保有对财产的所有权，也即实际上的土地、建筑和机器或任何成为其财产的东西的所有权，这种所有权的体现方式的典型表现为持有股份公司的普通股；（2）财产所有人与其实际财产暂时分离，在分离期间每年收取一定数额的**货币**，但他的财产最后仍然由他收回，这种所有权的体现方式的典型表现为租借；（3）财产所有人与其实际财产永远分离，取得的报酬，或者是按货币来计算的永续年金，或者是有一定期限的年金，期满之时归还以货币计的本金，这种所有权的体现方式的典型表现为抵押、公债、公司债券和优先股。这第三种类型代表了**投资**的充分发展形态。

规定在未来某一时期收回某一固定数额货币的契约（而对于未来收回之时货币真实价值的可能变化则未加规定），只要有了借入借出的关系，这种契约就必然已经存在。租借和抵押的形式，以及对政府和少数私营机构如东印度公司的永久性贷款的形式，在十八世纪时就已经非常常见。但在十九世纪，这些形式不断更新，而且更趋重要。到二十世纪初，进一步将有产阶级分化成两个群体——"企业家"和"投资者"——二者的利益存在着部分分歧。这两个群体的划分，在个人之间并非泾渭分明；因为企业家也同时可能是一位投资者，而投资者可能也拥有一些普通股；但是二者之间的区分还是符合真实情况的，而且有其重要意义，因为这一点过去很少被注意到。

在这一制度之下，活跃的企业家阶层不但可以利用自己的财富，还可以利用整个社会的储蓄来为他们的企业筹资；另一方面，职业阶层和有产阶级则可以找到使用其资财的一种方式，这种方式给他们带来的麻烦既少，又没什么责任，而且（据说）所承受的风险也比较小。

这一制度运行已历百年之久，风行全欧，取得了超乎寻常的成功，使得财富获得了规模空前的增长。对于一个人数不在少数的阶层来说，储蓄和投资既是其职责所在，又是其喜爱之事。储蓄很少支取，在复利下进行累积，使得所获颇丰，这一点现在我们都视之当然。同时，这个时代的道德、政治、文艺和宗教结合在一起，达成了一个伟大的、心照不宣的密约，其目的所在就是促进储蓄。上帝和贪财的恶魔玛蒙（Mammon）[1]竟然携起手来，保持着一致的步调。人们找到了在尘世上的乐土。毕竟，富人也可以进天堂——只要他能够储蓄。天国响起了新的福音。"这当真是不可思议，经过上天聪明仁慈的安排，当人们所思所想除了自己的利益别无其他时，却对公众的福利做出了最大的贡献。"[2]天使们这般歌唱。

如此营造出来的氛围，使得扩张企业的需求和不断膨胀的人口对坐享其成的非企业家阶层的成长之需要，彼此和谐相辅，携手并进。但是，在普遍享受生活的舒适和进步之时，这一制度运行的前提乃在于投资阶层将他们的财富寄托在货币稳定之上，这一点却基本上被人们忽略了；人们怀着一种无可置疑的信心，认为事态已然步入正轨，完全无须多生顾虑。于是，投资之风越来越盛，投资数额也越来越大，直到后来，对于这个世界的一切中产阶级而言，金边证券（gilt-edged bonds）[3]成了世间最持久、最安全的资产代表。在我们这个时代，这种一贯的信念竟如此根深蒂固，以致根据英国的法律，财产受托人受到鼓励把他们的信托资金悉数投在了这类交易之上。而实际上除了投资房地产（由于它本身就是早期情况下遗留下来的残余现

---

[1] 根据词源学的解释，"Mammon"是在圣经文学中被用于描述追求财宝、贪婪的用语，常用于描述过分物质主义等消极的一面。这位恶魔出现在《圣经·旧约》与《圣经·新约》之间的年代，在《马太福音》中曾有关于他的描绘："一个人不能侍奉两个主人，热爱一方则必须憎恶另一方。如果你敬爱神，那么就不能执着于财富！"玛蒙是勾起人类"金钱欲"的恶魔，其势力是在中世纪以后才逐渐闻名起来。这主要是因为在古代财富的集中化并不明显，但到了中世纪贫富差距越来越大，"金钱欲"成为现实生活中最为引人注目的问题。——译者注

[2] 《货币知识入门青年读本》，基督教义促进会出版发行，1850年第12版。

[3] 金边证券，即国债。专指财政部代表中央政府发行的国家公债，由国家财政信誉做担保，信誉度非常高，历来有"金边债券（证券）"之称，稳健型投资者喜欢投资金边证券。——译者注

象，故而是一个例外）的情况之外，一般是不准许把信托资金用于其他目的的。[1]

其他方面也和这里一样，十九世纪总是对自己的幸福经验将永远延续下去这一点深信不疑，而对于过去发生的那些不幸所带来的教训，则置若罔闻。不要忘记，即便指望货币可以用某种金属的固定数量来表示，也并没有历史的保证，要指望它用不变的购买力来表示，那就更加渺不可求了。然而货币并非别的，它只不过是由国家随时宣布的，一个履行货币契约的适当的法定事物罢了。1914年，在英国，黄金不作为价值标准已经有一个世纪了，在任何其他国家，黄金不作为唯一的价值标准也已经有半个世纪。每经历一次长期战争或严重的社会动乱，随之而来的就必然是法定货币（legal tender）的变化，从无例外；而且从其最初有经济记载以来，每一个国家都有关于历来被次第用于表示货币的各种法定货币之实际价值不断下降的历史记录。

还不止如此，这种历史上货币价值不断下降的表现，并非昙花一现，偶一为之。在其背后，隐含着两个巨大的推动力量——政府的贫困和债务人阶层强大的政治影响力。

通过货币贬值来征税的权力，自罗马帝国发现它之后，就一直为国家所固有。法定货币的铸造，过去是，现在依然是政府的最后储备；只要这个工具还留在手中没有被使用，就没有国家或政府会宣告自己破产或者覆亡的。

舍此而外，我们在下文还会看到，能够从货币贬值中取得好处的

---

[1] 德国的财产受托人直到1923年才解除和这里相类的责任，在这一年，以货币所有权形式投放的信托资金，其价值已化为乌有。

并不只限于政府。农民和债务人以及其他所有负有义务偿付到期定量货币的人，都可以分享这种好处。现在，企业家是在经济体系中发挥建设性作用的积极分子，而在过去的时代，同样的角色却是由前面所说的那些阶层来扮演的。因此，这种在过去使得货币贬值的长期变化，可以对新兴人群有所帮助，把他们从死气沉沉当中解放出来，以牺牲旧财富为代价而有助于创生新的财富，武装企业而不是蓄积财富。货币贬值的倾向在过去的时代是对复利下的财富累积和财产继承的一个强大的抵消力量，现而今它则对旧有财富严格分配以及所有权和经营活动的分离发挥着放松态势的影响。通过这种手段，每一代人都只能部分地继承先人的遗产；此时，除非社会能够自觉地慎重考虑，另外再想出一套更为公平、更为便利的办法来取而代之，否则要想达成建立恒产之计划，必无可能之径。

总之，在这两种力量的影响之下——政府的财政需要和债务人阶层的政治影响——有时而此，有时而彼，常使得通胀的进程**永无间断**；如果我们考虑从公元前六世纪首次把货币设计出来开始算起的这样一段漫长时期，放眼观之，这种趋向是清清楚楚地摆在我们眼前的。有时价值标准自身也会贬值；舍此而外，造成这种趋向的，基本是货币质量的下降所带来的结果。

尽管如此，不管在什么时候，由于使用货币是日常生活中的一个习惯性行为，把这种情况完全抛诸脑后，把货币自身视为价值之绝对标准，总是非常容易的；除此之外，还有一层，当一百年的真实历程并未干扰到他的幻念之时，普通人就会把错觉当成事实，把三代人皆习以为常的情况，看作恒久的社会基础结构的一个部分。

十九世纪诸般事件的经历巩固了这类信念。在其前四分之一世纪里，紧随拿破仑战争期间的超高物价之后的，是货币价值相当快速的提高。之后的七十年中，偶有短时间的波动，除此之外，价格一直在不断地下降，到1896年达到了最低点。这是总体的趋势，但这一较长时期的令人瞩目的特征则是价格水平的相对**稳定**。1826年、1841年、1855年、1862年、1867年、1871年与1915年，以及与这些年份相近的时期，均出现了大体相同的价格水平。1844年、1881年和1914年，价格水平也处在同样的位置。如果我们把上面提到的这些年份的物价指数定为100，那么从1826年开始直到第一次世界大战爆发为止，在接近一个世纪的时间内，其最大波动幅度，高不超过130，低不少于70。这也就难怪我们会对长期中货币契约的稳定怀有如此之信心了。作为一种人为规定的标准，黄金这种金属可能并不具有所有的这些理论上的优点，但毕竟它的价值不能被随意地加以操纵，而且实践也证明了它的可靠性。

与此同时，20世纪早些时候，英国统一公债（consols）[1]的投资者们进行得非常顺利，这表现在三个不同的方面。首先在于这一投资的"安全性"，关于这一点，在投资者们看来已经臻于至善之境。其次是这种公债的本金有一定提高，这一点一部分是出于上面所说的那些原因，但主要还是因为利息率的稳步下降使体现为本金的每年收入逐渐有所增长之故。[2]最终，整体来说每年货币收入的购买力在不断增长。比如说，如果我们考虑从1826年到1896年的这七十年（并且忽

---

[1] 统一公债是一种没有到期日，定期发放固定债息的特殊债券。有一种最典型的统一公债——英格兰银行在十八世纪发行的英国统一公债（English Consols），英格兰银行保证对该公债的投资者永久期地支付固定的利息。——译者注

[2] 例如，如果利率从4.5%降到3%，那么收益为3%的统一公债，其价值也就从66提高到了100。

略滑铁卢战后随即而来的显著涨势),可以发现,这种统一公债的本金价值是在稳步提升的,中间除偶有蹉跌之外,价值从 79 升到了 109(虽在戈申[1]手中公债利率于 1889 年从 3%降到了 2.75%,于 1903 年再次降到 2.5%),尽管利率有所降低,而每年所得利息的购买力仍然提高了 50%。这种统一公债除了在价值和收益上的增长,在稳定程度上也有所改善。在维多利亚女王时代,除危机时期之外,这种公债的价格从未低于过 90,即便在 1848 年,君主权位摇摇欲坠之时,这一年的平均价格下降也不过才 5 个百分点。维多利亚[2]登基之时,价格是 90,登基六十周年纪念时,价格达到了顶峰。这也就难怪我们的父辈们会把统一公债视为一种绝佳的投资对象了!

如此一来,在十九世纪,产生了一大批有权有势而又极受尊崇的人物,从个体上看他们都很富裕,总体而言也是拥有很多财富的一个阶层;可是,他们既不曾拥有房产、土地,也不曾经营企业,或者占有金银财宝,他们所有的不过是一种权利,而基于这种权利,每年就可以得到若干法定货币的收入。这类公债成为十九世纪一个特定的产物,成为那个时代值得骄傲的一件事物,中产阶级基本上把他们的积蓄都投到了这里。习惯的力量以及骄人的过往,为这类投资赢得了安

---

[1] 乔治·戈申(George Goschen, 1831—1907),第一代戈申子爵(1st viscount Goschen),英国德裔政治家、金融家。1886 年起曾担任英国财政大臣。——译者注

[2] 即维多利亚女王(Alexandrina Victoria, 1819—1901),曾是英国历史上在位时间最长的君主,在位时间长达 64 年。她也是第一个以"大不列颠及爱尔兰联合王国女王和印度女皇"名号称呼的英国君主。她在位的 64 年期间(1837—1901 年)是英国最强盛的所谓"日不落帝国"时期。她统治时期,英国历史上称为"维多利亚时代",英国加大侵略扩张力度,在世界范围内建立和占领了无数殖民地。她在位的 60 余年正值英国自由资本主义由方兴未艾到鼎盛进而过渡到垄断资本主义的转变时期,经济、文化空前繁荣,君主立宪制得到充分发展,使维多利亚女王成了英国和平与繁荣的象征。——译者注

全的美誉，让人无可置疑。

在大战前夕，由于物价上涨，也由于利率的提高，这类中间财产（与十九世纪中叶其鼎盛时期对比），已经在走下坡路。但是，伴随着战争的爆发而发生的一系列货币方面的事件，其结果使这类财产的实际价值在英国损失了一半，在法国丧失了八分之七，在意大利失去了十二分之十一，在德国以及奥匈帝国分裂后成立的和在俄国成立的那些国家，事实上已经化为乌有。

对于战前典型的英国投资者而言，他的损失完全可以由统一公债投资者的损失来衡量。我们已经看到，抛开那些暂时的波动不计，一直到 1896 年，这些投资者们的收益都在稳步增长，而且在这一年和之后一年，年金的资本价值和货币的购买力双双到达顶峰。另一方面，从 1896 年到 1914 年，投资者也曾蒙受沉重的损失——其年金的资本价值下降了三分之一，而其收入的购买力也下降了接近三分之一。不过，自达到顶峰状态后的将近二十年间，这一损失是一点一点地发生的，较之于八十年代早期或四十年代早期，这种损失并没有让他明显地感到境况变得更为糟糕。但随着这种趋势到了一个高峰，继之而来的则是战争时期更为严重的损失。在 1914 年到 1920 年间，投资者年金的资本价值再次下跌三分之一还多，其收入的购买力大概下降了三分之二。此外，标准所得税率又从 1914 年的 7.5% 提高到了 1921 年的 30%。[1] 因此，根据整数数字来进行大致估计，按照 1914 年为基年，这一变化可以由下表（表 2）中的指数来表示。

---

[1] 自 1896 年以来，遗产税也进一步加大。

表 2

	统一公债所得收入的购买力[1]		统一公债资本价值的货币价格	统一公债资本价值的购买力
	(a) 标准所得税率扣除之前	(b) 标准所得税率扣除之后		
1815 年	61	59	92	56
1826 年	85	90	108	92
1841 年	85	90	122	104
1869 年	87	89	127	111
1883 年	104	108	138	144
1896 年	139	145	150	208
1914 年	100	100	100	100
1920 年	34	26	64	22
1921 年	53	39	56	34
1922 年	62	50	76	47

第二列数字充分说明，自滑铁卢战役[2]之后到蒙斯战役[3]整整一个世纪，即便我们完全忽略有点反常的 1896 年和 1897 年，投资于金边证券仍然是一项前景极为光明的事情！这张表格表明，在维多利亚女王登基六十周年之际，英国中产阶级的繁荣是如何达到巅峰状态的。但是，它同时也以精确的数字向我们揭示了那些打算像战前一样依靠信托投资收入过活的人，处境又是何其悲惨！1922 年统一公债的所有者所拥有的真实收入，只有 1914 年的一半，1896 年的三分之一。十九

---

[1] 对于利息从 3% 下降到 2.5%，并没有给予什么补贴。
[2] 1815 年 6 月 18 日，由法军对反法联军在比利时小镇滑铁卢进行的决战。战役结局是反法联军获得了决定性胜利。这次战役终结了拿破仑帝国，此战役也是拿破仑一世的最后一战，战败后拿破仑被放逐至圣赫勒拿岛，自此退出历史舞台。史称"滑铁卢战役"。——译者注
[3] 1914 年 8 月 23 日，在比利时的蒙斯市，英军与德军在战争爆发后首次大规模正式交锋，一战正式爆发。——译者注

世纪蒸蒸日上的日子已经是过眼云烟,投资者今日的处境远不能与滑铁卢之役后的情形相提并论。

战争本身有些塞翁失马的地方,也不应该被视而不顾。虽然说战争时期会造成社会整体资源的浪费,但是,对于储蓄阶层来说,这也不失为是一个储蓄的好时候,储蓄阶层持有了更多政府债券,如今时来运转,他们对财政收入的总的货币债权自然也就增加了。同时,那些损失了金钱的投资者阶层,与赚到了金钱的企业家阶层在社会和家庭两个层面都是彼此交叠在一起的,以至于在很多情况下完全可以弥补所遭受的沉重损失。此外,英国从1920年的低点开始已经有了相当大的起色。

但是,所有这些都不能冲刷掉以下这些事实所造成的严重后果。战争的影响,以及伴随战争而来的那些货币政策的结果,已然使投资者阶层所有财产的实际价值中极大一部分付之东流。这一损失来势如此凶猛,当其来临之际,又与性质上更加恶劣的其他损失交织在一起,以致仅就这一损失而论,人们还没有来得及充分认识到它所带来的全部后果。尽管如此,其影响所及,对于不同阶层的相对地位而言,还是产生了深远的影响。放眼整个欧洲大陆,中产阶级战前的积蓄,凡是以证券、抵押或银行存款的形式来投放的,大部分甚或全部被一扫而空。同样毫无疑问的是,这种经历必然会对储蓄和投资行为的社会心理产生变化。过去认为是最安全的,现在被证明最不安全。人们既不胡天胡地地花费,也不做投机的打算,他要"为家人储备物资以备不虞",对安全大唱赞歌,他所恪守的是从经验中得来的教训,是老于世故之人遗留下来的那些可敬的信条。的确,他是最不愿意行险之人,然而,结果却是受到了最严重的天罚。

就我们当下的目的而言，我们应该从中得到哪些教训呢？我认为主要的一点是，如果把十九世纪发展起来的（并且一直到现在还保留着的）社会体制与对货币价值采取自由放任政策结合起来，既不安全，也不公正。如果说我们以前的安排运行得很好，亦是不确之词。如果我们打算继续把社会中的自愿储蓄吸收到"投资"上来，那就必须得把储蓄和投资所表现的价值标准，保持稳定，并把它作为慎重考虑之后的国家大政方针来对待。等到将来有一天，如果遗产法和资产累积率将从事企业经营的活跃分子收入的极大一部分，流到那些坐享其成的非活跃分子的手中，那么，就当以别种方式（使所有形式的财富同等地受到影响，而不仅仅让无辜的"投资者"受到格外严重的打击）来对国民财富进行再分配。

ii 企业家阶层

工商界和经济学家很久之前即已认识到，价格上涨时期对企业会产生促进的作用，因此对企业家是有利的。

首先，如前所述，投资者阶层的损失可以相对成为企业家阶层的所得。当货币价值下降时，很显然，就所得利润而逐年进行固定数额货币支付时，那些从事积极的企业经营活动的人们必然要获其利，因为此时的货币定额支出占其货币营业额的比例，较之以前将会减少。这种利益的享有，不仅发生在变动发生的过渡时期；而且当价格在新的、较高的水平上稳定下来之后，就原有的债务关系而言，这种利益还会继续存在。例如，全欧洲的农场主凡是以前用抵押贷款方式购入土地从事耕作，这项借款到币值变化时还没有偿还清的，此时将会感到几乎已经是完全没有负担一样，而抵押权人则遭受了损失。

但是，在价格变化时期，价格逐月上升，企业家除上述那一点之外,还有一个更大的意外财源。无论他是一个商人还是一个制造业主,在卖出之前,一般总是要先买进的,那么,他至少有一部分存货是要冒价格变动的风险的。因此,在他手里的存货,如果逐月上涨,他就会一直保持着待价而沽的心态,以保证取得超过他原来预期的意外多出的利润。在这样一个时期,做生意自然是再轻松不过的事了。任何人只要能借到钱,运气如果不是太差,赚钱就是必然的,虽然这与他的付出并不相称。这样的收益持续不断,会让人生出必将源源不断的期望。于是,银行借款业务大大扩展,以至于超出正常的规模。如果市场预期价格会继续上扬,那么,人们自然会囤积商品,等到价格提升之后趁机投机得利,而且在一段时间内,单是这种对价格上升的预期,经由投机性的购买,还会带来新一轮的价格提升。

举例来说,我们来看从 1919 年 4 月到 1920 年 3 月《统计学家》杂志每个月的原材料指数(见表3):

表3

1919年4月	100	10月	127
5月	108	11月	131
6月	112	12月	135
7月	117	1920年1月	142
8月	120	2月	150
9月	121	3月	146

从这张表格中我们可以看出,一个人从银行那里借钱,用本金之外的收益随便买什么原材料,在所考察的这段时间里,除了最后一个月之外其他每个月都可以获利,按照最后的收益来计算,他一年平均可以净赚46%。而银行家的收益率不会超过7%,这样,这个人无须任何特别的技能,只要足够幸运能沿着这样的路向走,每年就可以从

中获取30%—40%的净利润。那些拥有商业地位和专业知识、能够让自己对某些商品价格走势的聪明预见付诸实施的人，机会就更其广！而那些从事大宗商品交易的商人或者大规模使用原材料的人们，恰好处在这样的境地。在这样一个时期，某些行业里有一点小技巧或者稍微有点运气的人们，都必定可以赚得盆满钵满。暴富只在数月之间。但是，除了这些人之外，还有一些以行事稳健著称的商人，若有人认为他们是投机分子或暴发户，他们想必会大感受伤，认为受到了侮辱，他们可能既没有想到也没有寻求这种天上掉馅饼的美事。

在"货币"利息率和"实际"利息率这两个术语之间，经济学家给出了颇有意义的区分。如果按照商品来计价值为100的货币额，贷出去时年利息5%，到了年末按照商品计算价值仅为90，贷出者包括利息在内所得也不过是94.5。这就等于说，尽管**货币**利息率为5%，但是**实际**利息率事实上是负值，等于-5.5%。同样的道理，如果在贷款期末货币价值上升了，借出的资本额按照商品计算价值为110，那么，虽然**货币**利息率为5%，而**实际**利息率事实上已经高达15.5%。

即便工商界的人士在脑海中没有明确地有过这样的认识，这些认识却也并不深奥。工商界的人士或许会就货币利息率而论货币利息率，并不去参考实际利息率。他们会这样想或说，但他们的行为却不是这样的。商人或工厂主在计算7%的银行利息率是否高到迫使他不得不缩减贷款规模时，他对自己所关注的商品价格前景的预期，深刻地影响着其在实际活动中的所作所为。

如此一来，价格上涨时，但凡有着债务关系的企业家总会居于有利的地位，他偿还借款时，以实际价值来衡量的话，他的还款所体现的，不但没有利息的支付，即便比起原来的本金也还要少；也就是说，一旦实际利息率降到了负值水平，借款人就会取得相应的好处。只要价格上涨可以预见，那么，增加借款以从中牟利的企图就会迫使货币利息率上升，这一点是确定无疑的。由于这一原因以及其他的因素，较高的银行利率应该会与价格上升期相联，而较低的银行利率则应和价格下降期相联。在这样的时期，货币利息率的明显反常，乃是实际利息率试图自我稳定的另一种表现。尽管如此，在价格剧烈变化的时期，货币利息率很少能够充分地或者足够快地调整到足以阻止实际利息率也变得反常的程度。这是因为，影响货币利率的并不是价格上涨的**事实**，而是综合了各种可能的价格变化趋势和各类估计概率之后的对上涨的**预期**；在那些货币体系尚未彻底崩溃的国家，对于价格是否会进一步上升或者下降以使短期货币利息率可以升至每年10%以上或降到1%以下，人们甚少或者根本就没有什么普遍信心。这种变动不居的情况是无法平衡各类价格的变化趋势，使之或升或降，达到（比如说）不超过每年5%的水平的——而这个比率也常会被实际的价格变动所超过。

最近德国的情况提供了一个例子。当该国的物价水平持续地以非常剧烈的程度上升了如此之久，以至于不管正确与否，人们都认为它们还将继续上涨时，德国的货币利息率在努力地与实际利息率保持着相同的变化速度，只是这两者方向相反而已，而这一速度已然达到了惊人的程度。然而，即便是货币利息率也从未赶得上价格上升的速度。1922年秋，经过相当长的一段时期，德国的实际利率已经降到了很高的负值水平，也就是说，在这一时期，任何借入马克并将其转换为资产的人都会发现，期末时资产的马克价值远远大于他为借入那些马克所要支付的利息,至此,货币利率赶不上物价水平攀升速度的影响已经全部呈现出来。通过这种手段,有人从普遍的灾难中获得了巨大的财富;那些有先见之明从而走在了前面的人,给大家做出了示范,这时候大多数人才恍然大悟:原来游戏正确的玩法就是借钱、借钱、再借钱,而这就使得实际利息率和货币利息率之间的差距赫然摆在了世人面前。但是,在这样的好事持续几个月之后,一旦人们全部参与进来,对货币利息率造成的后果最终就会降临在人们的头上。在这段时期,德意志银行的名义利率是8%,而短期贷款的金边证券实际利率已经升至每年22%。1923年的上半年,德意志银行的利率也提高到了24%,随后又调到30%,最终高达108%,与此同时,市场利率震荡得极为剧烈,其数字表现让人感到荒谬绝伦,对于某些种类的贷款,市场利率一度高达**每周**3%的水平。随着1923年7月到9月这段时间德国货币制度最终走向崩溃,市场利率完全被打乱,每个月动辄以100%的数字在变化。然而,由于货币贬值速度很快,甚至这样的数字也是不够的,那些大胆的借款者还在继续赚钱。

在匈牙利、波兰和俄罗斯——这些国家的货币预期会进一步贬值——这种现象同样在上演,正所谓"尝一脔肉而知一镬之味,一鼎之调",只要价格预期将会上涨,你在任何一个地方看到的情况总是类似的。

而另一方面,1921年的英国和美国则是另一番景象,相邻两年的平均价格跌幅则达30%—40%,甚至1%的银行利率都把经营活动压得喘不过气来,因为它所对应的实际利率非常之高。任何一个人,即便只是部分地预见到了这种变化趋势,他也会通过将自己的资产售卖出去,并暂时停止营业,从而来改善自己的处境。

但是，如果货币贬值成了企业家的一种利益来源的话，那么这也会让他成为众矢之的，各种毁怨会纷至沓来。在消费者看来，企业家的非分利润乃是可憎的物价上涨的前因，而非后果。此时的企业家，自身处在财产价值瞬息万变的纷乱之中，渐渐也会失去保守的本性，开始更多地关心眼前的巨大利润，把正常业务下微薄而长久的所得，抛诸脑后。他对事业前途的远大利益，不再像以前那样重视，兴奋情绪下的思虑所在，尽是眼前的暴利。他的那些超过常限的利得，原本并非出于他的蓄意而为，他本来是没有这样的处心积虑的谋划或者打算的，但是，一旦尝到了甜头，他就不会再轻易放弃，会竭尽所能地努力争取保住这些战利品。作为一个企业家，凭借着这样的冲动来做事，他自己心情也不会怎么舒畅。就他与社会的关系、他所发挥的作用以及他在经济结构中存在的必要性而言，在内心当中，他已经失去了先前的自信。对于其事业和所属阶层的未来，他心怀忐忑，而对于自己要紧紧抓住的财富，也越发感到缺乏安全保障。身为企业家，他本是国之栋梁，社会的中流砥柱，未来发展的建设者。不久之前，他的积极活动和所获取的报偿，还几乎得到了宗教上的认可。在所有人和所有阶层当中，他是最受人崇敬和赞许的，被认为是社会不可或缺之人。若然对他的行动进行阻挠，必被认为不但会造成不幸的后果，而且还是一种不敬之举。但是，现如今一切都不一样了，人人对他侧目而视，他自己也感到被人嫉恨、受人攻击，成了不公不法的律例之下的受害者，觉得自己也不免有罪，变成了一个投机的奸商。

如果一个有血气的人认为那些比他富有的人都是通过幸运的赌博而得到他们的财富的，那么，他一定不会甘心受穷。原本是受人尊重的企业家，现在却变成了人人唾弃的投机奸商，这对资本主义是一记重拳，因为它破坏了一种心理上的平衡，正是这种平衡才使得不平等的报酬得以继续存在的。正常利润的经济原则，人人心中皆有模糊的认识，这是资本主义得以合理存在的必要条件。只要企业家的所得在某种意义上大致跟他对社会有所贡献的积极活动能够发生关联，也只有在这样的情况下，他的所得才可以为社会所认可。

那么，这里所说的乃是由于货币贬值而造成的对现有经济体系的第二个干扰因素。如果币值下降使得投资遭受打击，那它同样对企业也会有所损害。

即便在繁荣时期，也并不容许企业家独自享有全部的额外利润。我们有许多通行的补救措施，试图革除今日之积弊——诸如各种补助金的规定、价格和租金的决定、不当利得的取缔以及对超额利润的课税等，但是这些办法常常不过是徒劳，最后它们自身也变成了积弊当中难以被忽视的一部分。

繁荣之后是萧条。此时，价格低徊，对那些拥有存货的人来说，所产生的作用与价格上涨时恰恰相反。超过预期之外的损失取代了意外之利得，而这种情况与企业效率毫无关系。当此之时，人人所欲的无不是尽可能地减少存货，这就使整个工业陷入困顿。在这一点上，与过去尽可能地囤积存货的兴奋之状，形成了极为鲜明的对比。失业取代了对暴利的猎夺，成为当下的一个严重问题。不过，至少暂时来看，在那些通货制度运行良好的国家，贸易和信贷的循环变化趋势部分地回到了1920年巨大的增长上来，而在那些持续通胀的国家，它则不过是在货币贬值的激流之上多添了一道涟漪而已。

iii 工资劳动者

工资变动滞后于价格变动，因此工资劳动者的实际所得在价格上涨时期总会有所降低，这已是经济学教科书中的老生常谈。在过去，情况大抵如此，即便在现在，对某些部门的工人来说，要改善他们自己处境相对不佳或组织较差的地位，情况可能依然是这样。但无论怎么样，在英国，也包括在美国的工人，就某些主要的部分来说，情况已经不是这样，他们可以利用具体的情势，结果不但所获得的货币工资在购买力方面同以前所获得的一样，而且还能够在实际上有所改善，使工资的增长与工时的缩减相结合。以英国为例，这样的情况是在整个社会总财富有所减退时实现的。而这种反常现象并非偶然所致，其间有确切的原因可供探究。

某些部门的工人——铁路工、矿工、码头工人等等——为了确保工资上涨，在工作的组织上较之以前更为先进。可能是破天荒头一次，在战争的历史上，军队的生活较之于传统的要求标准，在很多方面都有提高，士兵们穿戴普遍比以前好，饮食方面也常常好过工人阶级，他们的妻子除在战时享受离居津贴，就业的机会比以前有所增加之外，在思想意识方面也有较大的提升。

尽管这些影响足以刺激工人要求生活改善的动机，但如果没有企业家的超额利得这一因素，还是会缺少达成目的的手段。企业家财源广进，络绎不绝，乃是众所周知的事实。他们所得的利润，远远超过了商业的正常利润，这一点让他们容易招致压力。这些压力不仅来自他们的雇员，而且还来自一般的公共舆论；而要使他们去满足这些压力的要求，并无财务上的困难。实际上，他们也是愿意付出一笔赎金，将所得的横财与工人们同享，以便息事宁人的。

这样，大战之后的数年间，劳工阶层改善了其**相对**地位，除了那些"暴发户"之外，这一点与其他阶层形成了对比。在有些重要的情形下,他们甚至还改善了其绝对地位——也就是说,他们只需工作更少的时间,却提高了货币工资;虽然物价更高,但是有些部门的工人就完成工作每一个单位所得的实际报酬而言,较之以前也更高了。而这种情况虽然为我们所想望,但它是否**稳定**,则非我们所能预料,除非我们能够对劳工阶层报酬增长的来源予以准确地把握。我们想知道,工人收入的增长情况,是源于决定国民产品在不同阶层之间分配对经济因素的永久性改变呢,还是通货膨胀以及由之引起的价值标准的变动所带来的某种暂时性的、终将耗竭的影响所致? 到底是哪个因素,着实颇费思量。

价值标准的极度紊乱遮蔽了事实的情况,某一个阶层一段时期内所得的好处,暗地里则是以另外一个阶层的损失为代价的,只是还没有马上遭到对方的反抗罢了,而这种反抗迟早会来。在对实情不了解的情况下,一个国家在当前消费中花掉的,乃是它认为需要用在未来投资上的那些储蓄;它甚至会侵害到现有的资本,或者无法有效地制止该国的货币贬值。一旦货币价值开始大幅震荡,那么,资本和收入之间的界限就会变得迷离起来。它会使一个社会坐吃山空,以资本为生而不自知,而这正是通货贬值的积弊之一。社会资本品的货币价值不断提高,暂时遮蔽了实际存货量的缩减。

萧条时期的到来,不免使得劳工阶层受到不利的影响,但这种不利影响更多地表现为失业,而不是实际工资的下降,而且有国家对失业的救济,这种情况当不至于变得十分严重。在这样的时期,货币工资自然会随着物价水平而下降。但是,1921—1922 年的萧条并没有逆转劳工阶层与中产阶级 (middle class) 相比之下的相对优势。1923 年英国的工资率,与战前相比,若然把工时缩短这一因素考虑在内,显然要比生活费用的提高要高得多。

德国和奥地利也同样遭遇了货币价值的变化，但这种变化在程度上较之于英国或法国则远为剧烈，它把这艰难时势的沉重负担加之于中产阶级身上，到目前为止，劳工阶层是绝对没有承受起完全相宜的那一部分负担的。如果德国的大学教授们当真对煽动战争气氛负有一定责任的话，那么，这个阶层已经受到了惩罚。中产阶级所遭受的这种遍布欧洲的困厄，其影响渐渐累积起来，必将造成科学和艺术的衰败。要知道，那些精美的事物多半乃是从这个阶级手中涌现出来的。

总而言之，我们可以说，通货膨胀会以一种对投资者极为不利的方式来分配财富，这种方式对企业家则非常有利，而且在现代工业条件下，可能还会对工资劳动者也颇有好处。而通货膨胀所带来的最为惊人的后果，乃是对于那些高度信赖政府发行货币的权威，从而将他们全部的储蓄都以货币所有权的形式而不是以其他实物的形式来持有的人所造成的**不公**。这种巨大的不公还带来了更为深重的后果。由于这场战争在相当程度上已经不是以所有阶级的消费缩减为代价，而是以资本积累降低为代价，所以，我们上面的讨论也就意味着欧洲财富生产水平的下降。此外，通货膨胀不仅削弱了投资者阶层储蓄的能力，而且也摧毁了人们愿意进行储蓄的信心。然而，要想维持同样的生活水准，一定比例的资本积累却是人口增长所必需的。就英国接下来许多年的情况来看，如今出生率一直在走高（目前每日出生人数接近死亡人数的两倍），每年将要进入劳动市场的劳动人口超过 25 万，这个数字比退出劳动市场的人数大得多。对于这些新增劳动人口，要想使他们的生活水准维持在和之前的劳动者相同的水平上，我们需要的就不只是市场的扩大，还需要资本设备投资上一个台阶。为使我们的生活水准不至于恶化，国家资本的增加一定要赶得上国家劳动供给的增加，这就意味着在当前情况下每年至少要新增储蓄 2.5 亿英镑[1]。存在于十九世纪对储蓄颇为有利的那些条件，尽管我们对之多有讥嘲，但它们的确为人口的增长提供了所需要的资本积累。各阶层之间先前所存在的这种平衡被打乱，追根溯源，可以归结到货币价值的变化上来，这可能使那些有利于储蓄的条件遭到了破坏。

另一方面，正如我们将要在下一章第二节看到的那样，在以法定货币表示庞大的国家债务的当今来看，通货紧缩经常会推翻原来的那种平衡。迄今为止，这种平衡乃是以使社会中的生产阶层不堪税收重负，而对**食利者阶层**颇为有利的另外一种方式呈现的。

II. 币值变动对生产的影响

不管什么样的原因，无论是对是错，如果工商界**预期**价格将会下跌，那么，生产的过程就会受到影响；而如果他们预期价格将会上升，那么，生产就会受到过度的刺激。价值的标尺发生波动，一点儿都不会改变世间的财富、需求或生产能力。因此，它也不应影响生产的性质与数量。而**相对**价格的变化，也即各种不同商品的比较价格的变化，则会影响到生产的性质，因为这也表明，不同的商品并不是在完全相同的比率上被生产出来的。但是，一般物价水平（$general\ price\ level$）的变动，情况却不是这样。

---

[1] 这就是说，从机构和供养上装备一个工人，让他有效地提供劳动，给他房子居住，让他养活自己和家人，至少要花费 1 000 英镑。实际上，这个数字可能还是被大大低估了的。

对一般物价水平变动的预期会影响生产过程这一事实，是深深地根植于社会现行经济体制的特质之上的。我们已经看到，一般物价水平上的变动，也即价值标尺——这一价值标尺将由货币借入者（是由他们做出决策来启动生产过程的）对借出者（一旦他们将货币出借即不再有所作为）的义务加以确定——的变动会影响到这两个群体之间实际财富的再分配。除此之外，那些积极有为的群体，也即借入者，如果事前预期到了这样的变化，就会抢先采取行动，如果预期的货币价值变化实现时，就将他们的损失降到最低限度，转嫁给另外一个群体，或者从中进一步谋取利益，牺牲另外一个群体。如果他们作为一个整体预期到价格将会下跌，那就不妨故意地压低生产，这对他们来说当然是合算的，但是整个社会则会由于这种被迫的失业而导致贫困。反过来，如果他们认为价格将会上升，那就会广借资金，大兴土木，盲目地扩大生产，扩大到基于努力而获得的实际报酬达到刚好满足社会获得的补偿之外对他们可能仍然有利的地步。当然，有时候价格标准的变动，尤其是在对这一变化事先没有能预见到的时候，会有利于某一个群体而不利于另外一个群体，其偏颇的程度，与这一变化对生产量产生的影响程度相较，也许并不相称；但是积极有为的这个群体对于未卜的前途而言，其行为上的取向当不会超出我上面的描述。[1]简

---

[1] 只有在工薪阶层的薪水和工资在货币价值上表现得比实际价值更加稳定时，他们的利益才和那些不够积极的资本家群体的利益一致。只有在消费者可以于现金和购买超过消费所需的商品之间就其流动资金进行不同的分配时，他的利益才和那些积极有为的资本家群体的利益一致。而他从自己的利益出发做出的决策，可能还会对后者的积极有为所造成的影响有所强化。而同一个个体就其生产性在某一个方面的情况而言常可归类为某个群体，而若根据其他方面的情况则被归为另外一个群体，这中间所造成的重叠，并无关大局，不会对我们的论点造成影响。这是因为，他在这个方面的损失取决于他在另一方面个人行为上的表现的程度，其实是微乎其微的。一个人在国内是食人恶魔，到了国外则成了别人的盘中餐，并不会彼此抵消，使他表现得无辜而无害人之心。

单地讲，这就相当于说，生产的强度基本上是由现行条件下企业家预期的实际利润是多少所决定的。只有当各种利益的微妙调节没有为价值标准的波动所打乱时，这样的判断标准对于整个社会来说才是一个正确的标准。

为什么现代生产方式要求有一个稳定的价值标准，还有一个更深一层的原因，这个原因和上述所言虽然有关联，却又截然不同。这个原因在一定程度上源于上述那个社会组织体制的特性，但又被当前生产过程的技术手段给强化了。随着国际贸易的发展，原产地和最终消费地之间天各一方，再加上制造业技术过程的日益复杂，组织生产所蕴含的风险程度以及必须承受这种风险的时间长度，较之于相对较小的自给自足社会，都要大得多。即便在农业部门，消费者可以从不同地区得到所需商品的供给，这在季节波动上起到了平均作用，使他所面对的风险降低了，但同时，农业生产者的风险却提高了。这是因为，当他的庄稼收成在产量上低于预期时，他可能没有办法从粮食短缺而导致的价格上涨中对自己进行补偿。这种风险的提高，是生产者为高度专业化、多样化的市场和供货来源所必须付出的代价。

为了能够在不是那么沉重的代价下化解这一风险，需要未雨绸缪，充分地预做准备，此乃现代经济生活面临的最为重大的问题之一，而且这也是迄今为止解决得最令人不满意的问题之一。如果这个风险能够降下来，或者如果我们能够为每个企业家设计出一种更好的保险方式，那么，使国家整个生产机器持续运营下去的任务（由此也就避免了失业现象的发生）就会得到大大的简化。

币值不稳定，也会直接带来相当大的风险。在生产的漫长过程中，工商界会发生很多以**货币**来计的支出——支付给工人的货币工资以及其他生产费用等——预期到在稍后的某个时期产品售出后较为容易地使货币回笼，这类支出就很容易得到补偿。这就是说，工商界作为一个整体，它一定总是处在这样一种地位之上，价格上升时即会有所得，价格下跌时则会有所失。在货币契约制度之下，无论工商界是否喜欢，生产技术总是会为它带来很大的投机意味；如果它不愿意处于这样的地位，那么，生产过程必将陷入困顿。在工商界之内，总是存在着某种程度的投机职能的专业化，其中有一类职业的投机者对于正常的生产者会施以援手，对他们的风险，会帮助分担一部分，而这样的事实并不会影响到上述的观点。

现在，我们知道，不仅价格变动**实际发生**时，会有利于某些阶层，而不利于另外一些阶层（这是本章第一节的主题），而且对价格低徊而产生**普遍的恐惧心理**时，整个生产过程可能也会因此而受到阻抑。因为如果预期价格将趋于低徊，那就不再会有足够多的冒险者，愿意让自己身处投机的"多头"地位，这就意味着企业家将会畏缩不前，不敢参与进漫长的生产过程中去，事先垫付货币支出，事后收回长期的垫付——由此产生了失业。价格低徊这一**事实**使企业家遭受了损失；因此对价格低徊的恐惧之情，促使他们减少活动，防止亏损，保护自身。然而，正是各个企业家对风险估计的加总，以及他们承担风险的意愿，决定了生产活动和就业的水平。

还有足以将事态变得更加严重的是，如果关于价格趋势的预期普遍一致，那么在结果上就会有累积之效，最终会达到某一具体之点。如果工商界预期价格会上涨，而且据此行动的话，这一事实会带来价格的一时上涨，而达到某一具体之点，证实了价格上涨的预期之后，原有的预期就会得到特别地强化；如果预期价格下跌，那么情况也会与此相类。这样，即便是一个相对微小的初始推动力，都可能会引发一场轩然大波。

已经有三代经济学家认识到，有一些影响会使货币价值产生向上的持续变化，另外一些则会使其产生振荡变化，后者在初始阶段不断累积，到达某一程度之后，就会为反作用力的产生准备条件。但是，直到最近，经济学家对振荡变化的研究都还局限在到底是哪些原因造成了最初的突破这个问题上。有些经济学家沉迷于这样的想法，认为初始原因总是相同的，在出现的时间点上体现着像天体运动一样的规律性。另外一些经济学家的观点看起来似乎更合理一些，他们坚持认为有时候是这种因素在作祟，有时则是另外一种原因在发挥作用。

要根治这种个人主义的致命恶疾，最好的方式莫过于釜底抽薪，将任何能够使得对价格上涨或下跌有信心的预期根本失去存在的可能；或者说，能够做到这样，即使价格发生了变化，也不会扩大事态，不会由此引发重大风险。这是本书的目标之一。设若出于意外或偶然的原因，价格发生了适度的变动，由此发生的后果是，财富的重新分配虽然在所难免，但财富的数量却不致减低，这样就不会发生严重的扰动。

要想彻底消除这类初始波动带来的一切可能影响，然后又同时取得上述的这些结果，此种希望似并无实现之可能。比较合理的补救方法，似乎可以这样：当价格标准方面不管发生什么样的情况，如果听任自然，将会引起对一般物价水平变化的预期时，货币管理当局即当采取措施，把与当下趋势相反的那些因素调动起来，以抵消尚在襁褓中的这类预期。这样的政策，其目的在于消弭预期，避免发生实际的变动，即使实施的效果不能尽如人意，也总比袖手旁观、一切不闻不问的政策要好得多。如果将价值标准拱手让与命运的机缘来支配，刻意使之脱离中央的控制，自不免会发生无可约束的预期，使生产的治理陷入瘫痪或过度兴奋。

因此，我们可以看到，价格上涨和下跌，各有其特有的不利一面。通货膨胀会带来物价的普遍上涨，其结果对个人或阶层，尤其是对食利者们会造成不公，因此对储蓄是不利的。通货紧缩会带来物价的普遍下跌，结果企业家们为了避免损失，将会限制生产，而这对工人阶级和企业而言，都不是能带来利好的事情，将造成贫困之后果，因此对就业是不利的。当然，通货膨胀和通货紧缩二者的影响，并不一定都是如此泾渭分明，后者于借入者而言，也会造成不公之后果，而前者会过度刺激工业生产，同样也不是一个有利的因素。但是，这些后果并没有像前面特别指出的那般严重。因为借入者为了避免受到通货紧缩最坏的影响而自我保护时，总是相对更有办法，所处地位也较为有利；而且工人阶级在市场状况开始好转的情况下进行自我保护，以免于身疲力倦的能力，也比市场状况恶化、就业不足的情况下要更强一些。

由是观之，通货膨胀有欠公允，而通货紧缩则不合时宜，二者皆非所欲。但是，如果把像德国发生的那种极度恶化的通货膨胀的情形排除之后，那么两者之中更不为我们所欲的似乎是通货紧缩；因为在贫困的情况下再引发失业，比之于让**食利者**生活受到挫折要更加糟糕。然而，对于这两种不利情况，应该如何权衡轻重，是不必放在心上的。大家很容易便可得到一致的看法，即认为二者都是应该竭力避免的灾祸。以今日个人主义为基础的资本主义观之，正是因为它将储蓄委托给个人投资者，把生产交给了个人雇主，所以才**必须有赖于稳**

定的价值标准的存在，若然没有这一前提，资本主义万不能行之有效——甚或根本无可生存。

基于上述这些重要原因，我们一定要打破这样一种深信不疑的偏见，即认为对价值标准的规制，不是可以由人们**深思熟虑所能做出的决策**。有人认为价值标准问题自有其独有的特征，在各种不同的程度上与这一特征难以解分的是气候、出生率、宪章制度等等之类因素，总而言之，在其中起着决定作用的乃是一些天然的原因，或者是众多个体单独行动的综合结果，或者认为除非通过革命，否则无法改易局面。同样基于上述那些重要原因，我们决不能再存因循之念，决不能再把价值标准问题列入这样的范畴进行考虑了。

第二章 公共财政与币值的变化

I. 作为一种税收方式的通货膨胀

即便是现在的德国或俄国的政府,凭借着印刷纸币的方式,也可以延续相当长一段时间。这就是说,通过这种方式,政府可以确保其对实际资源的掌控,这些实际资源与那些由税收取得的资源毫无二致。政府的这种行径值得谴责,不过话又说回来,在一定程度上我们也得承认它的效能。当一个国家的政府没有其他的办法苟延残喘时,通过这种手段确实可以让它继续维持下去。这样一种税收的形式,公众是最难以发觉自己受到了侵害的,而且即使是最弱的政府,一旦发现自己别无良策,实施这种税收也不会遇到什么问题。中欧和东欧国家所经历的不断攀升、灾难性的通货膨胀,就是具有这种税收手段性质的通胀类型;它与前一章我们所提到的英国和美国所经历的那种有限的、上下振荡的通货膨胀,是有着根本的区别的。

货币数量论告诉我们,**假设企业和银行的既有习惯不变,而且财富水平以及分配方式也不变**,那么一个社会所需要的现金总量即取决于物价水平。如果实际物品的消费和生产并没有改变,只是价格和工资翻了一倍,那么,要维持经济的运行所需要的现金量也需要翻上一倍。在经过正确的解释和理解之后,要想否认这一事实并不容易。货币数量论由此推断,如果人们的各种习惯和富足程度保持不变,则流通中所有纸币的**实际总价值**大体上是相同的,与**流通中的货币数量**无关。这一推断的前提条件意思是说,该社会以现金形式保有的对大体不变的实际财富的掌控能力不变,这就等于说,流通中的货币总量具有相对固定的购买力。[1]

假设现在流通中的货币量为 900 万,总共价值 3 600 万金元 (gold dollars)。[2] 如果政府再多印 300 万纸币出来,那么,现在的货币量就是 1 200 万;根据上文的理论可知,这 1 200 万纸币在价值上仍然等于 3 600 万金元。因此,在货币量为 900 万时,每 1 个单位的货币等于 4 个金元,而当多印出 300 万纸币后,每 1 个单位的货币就等于 3 个金元了。结果,公众最初持有的那 900 万的货币如今只值 2 700 万金元,而不再是原来的 3 600 万金元,政府新发行的这 300 万纸币其价值达 900 万金元。所以,通过印制更多的钞票,政府可以将公众手中价值 900 万金元的资源转移到自己手中,就好像它通过收税的形式成功达成同一目的一样。

那么,这些税收都落在了谁的头上了呢? 当然是落在了原来持有那 900 万货币的人们头上,他们手中的货币现在比以前少了 25%。通货膨胀等于对所有原来的货币持有者征收了 25% 的税收。税收负担得以分摊的范围极广,而且无可逃避,征税成本为零,大体上会随着被侵夺者财富水平的高低而同比例地变化。所有这些明摆着的好处,

---

[1] 还可以参看第三章第一节。

[2] 按照商品来表示的黄金的价值本身也会波动,但是如果我们把黄金作为"实际资源"的代表,那么,就可以大大简化论证。因此,在本书中我一般将把以黄金计的货币价值处理成"实际资源"价值的大体上的量度指标。

无疑都会让财政大臣心花怒放。

短期来看，对政府而言，这种税收的好处甚至比上文计算的还要略多一些。这是因为，新发行的货币一开始的时候在价值上似乎和之前发行的货币是一样的，就好像流通中只有900万货币一样。只是在这些新发行的货币进入流通之后，人们开始去花费它们的时候才认识到手中的货币已经不如先前值钱了。

有什么办法可以阻止政府不断地重复这种过程吗？读者们一定会观察到，货币发行的总量仍然只值3 600万金元。因此，如果现在政府再多印400万货币出来，加在一起就有1 600万货币在流通，根据前文我们的论证方式可知，流通中1个单位的货币等价于2.25金元，而不再是之前的3金元。通过发行这400万货币，和之前一样，政府将价值900万金元的资源从公众那里转移到自己手中来。货币持有者再一次承担了占其货币持有量25%的税收。

与其他形式的税收一样，这些强行征收的税收如果征收过度或者超过了社会财富的一定比例，必然会降低社会的繁荣程度和生活水平，这可能会造成在更低的生活水平下货币的总价值下降，但仍足以维持运转的局面。但是，这种影响不会对通货膨胀税收效果的发挥起到很大的阻碍作用。即便货币的实际总价值由于这些原因而下降到只有以前的一半或三分之二——这可称得上生活水准的极大下降了——也只是说明政府为求达到某种结果而必须发行的货币量，一定要同比例地得到提高才行。通过这种方式，政府依然可以确保自己在社会的剩余产品中取得较大的一个份额。

对于这种精巧的劫夺，公众还有什么最后的补救办法或保护自己的手段吗？手段只有一个，那就是改变人们使用货币的习惯。我们的论证所依赖的最初假设就是社会**不会**改变其在货币使用上的习惯。

经验表明，公众在把握时势和采取补救措施方面一向不如人意，行动总是相对迟缓。实际上，最初的时候公众可能会在错误的方向上改变自己的习惯，这确实是便利了政府操控通胀的。公众太惯于把货币当成最终的标准来对待了，以至于当价格开始上涨之时，他们认为这种趋势一定只是暂时的，从而倾向于把货币贮藏起来，推迟对商品的购买，结果他们以货币形式所拥有的实际总价值较之于以前还要**更大些**。与此相似，当货币实际价值的下降反映在汇率上时，国外人士认为这种下降是不正常的、暂时的，他们会为了贮藏的目的而购买该国的货币。

不过，第二个阶段迟早会来临。人们发现，谁持有政府发行的货币，谁就会承担税收的重担，为政府的支出买单，然后他们也就开始改变习惯，减持货币了。他们有三种办法可以做到这一点：(1) 人们不再像过去那样以货币形式来持有其最后的储备，而是把他们的钱都花在耐用品、珠宝或者家庭用品上面，以这种形式来保有自己的储备；(2) 人们减少他们放在钱柜或钱包里的货币数量，缩短持有货币的平均时间长度，即使这样做给个人带来不便也在所不惜[1]；(3) 在那

---

[1] 在莫斯科，人们普遍不愿意持有货币，除非时间短到了难以想象的地步。如果一个零售商卖出了 1 磅乳酪，他会以最快的速度跑到中心市场，赶紧再把卢布换成乳酪来填充库存，免得在他到那里之前卢布丧失了价值。经济学家给这种现象起了名字，叫作"流通速度"，看来是有实据的！在维也纳，币值崩溃期间，货币兑换银行在大街小巷就像雨后的蘑菇一样遍地都是，只有这样你才能在几分钟之内就把刚刚收到的克朗兑换成苏黎世法郎，避免在你走到通常去的银行花在路上的时间里发生损失的风险。有一个和这种情形很相配的俏皮话，它说一个在咖啡馆里要了一瓶啤酒的人，要是够精明就应该同时再预订一瓶，即便再喝上一瓶味道已然寡淡，但为了避免价格上涨后同样的钱买不了这第二瓶，这样做也是值得的。

些本来使用自己国家的货币更自然、更便利的地方,人们尽可能地在众多交易中使用国外货币。

通过这些方式,虽然货币量所具有的实际总价值大大不如从前,他们也能相安无事,经营如故。举个例子来说,流通中的货币量总共价值2 000万金元而非之前的3 600万金元,那么,政府下一次以通货膨胀的形式征税时,税负就会落在更少的数量上,为了收既定金额之效,则所要收取的税率也必然会更大。

一旦公众惊慌失措,尽可能快地改变他们的习惯时,他们就会竭尽全力地避免损失,尽可能减少以货币形式持有的实际资源量,使其降到日常运营所需的最低量以下,对于平时所需的现金,则寻求以借款的方式来满足,正如德国在1923年的遭际一样,他们因此而受到了惩罚,货币利率高得惊人。诚如我们在上一章所见,这一利率会升至等于或超过预期的货币贬值率。实际上,当货币飞速贬值之时,通常的可能会一再出现通货短缺,这是因为公众总是忧心忡忡地希望尽可能少地持有货币,即便实际生活所需的最低数量的货币,他们通常也拿不出来。

有时候经济学家把这些现象称为流通速度的提高,原因归结为对货币缺乏信心;虽然他们确实曾这样提到过,但我认为在经济学的文献当中还没有看到有多少篇幅对此进行过清楚的分析。坎南教授(Professor Cannan)[1]关于《供求机制对货币单位的应用》(《经济学刊》,1921年12月)的文章,是其中最值得一读的一篇。他指出,我

---

[1] 即埃德温·坎南(Edwin Cannan, 1861—1935),英国经济学家和经济思想史学家。从1895年到1926年,他一直担任伦敦经济学院教授一职。他以编辑和注释亚当·斯密的《国富论》而闻名于世。除此之外,他在理论上的主要贡献还有货币理论、人口理论和供求理论。——译者注

们普遍假设"货币需求弹性是单位弹性"与货币数量上的变化不会影响公众以货币的形式拥有购买力的习惯和意愿是同一个意思。但是，在极端情况下，这个假设并不成立；因为如果它真能成立的话，那么政府就可以通过通货膨胀的手段从公众手中攫取到任意他们想要达到的金额。因此，假设货币需求弹性是单位弹性并不妥当。勒弗尔德教授（Professor Lehfeldt）[1]在之后发表于《经济学刊》（1922年12月）的文章中对此继续进行了研究，就近期的一些情况对货币需求弹性进行了计算。他发现，在1920年7月到1922年4月间，货币需求弹性在奥地利平均而言下降到了大约0.73，这个数值在波兰为0.67，在德国为0.5。因此，在通胀所经历的最近几个阶段上货币流通速度的飙升，对于价格的提升或汇率的下跌所起到的作用，较之于货币流通量上的提高所带来的影响有过之而无不及。货币发行当局经常抱怨货币价值下降的幅度在比例上要高过货币流通量增加的幅度，他们认为这一事实不公平而且也悖于常理。然而，事实并非如此。这不过是公众规避压在自己身上的沉重负担的一种方式所带来的结果而已，公众比金融家们更早知道他们是可以逃脱关于货币需求的单位弹性法则的。

尽管如此，只要公众还在使用货币，政府就仍然可以通过通胀的手段继续取得资源。此外，在日常生活中使用货币所带来的便利如此之大，只要通胀税还没有达到某个过高的水平，人们还是宁愿支付这

---

[1] 即罗伯特·阿尔弗雷德·勒弗尔德（Robert Alfred Lehfeldt, 1868—1927），生于伯明翰，1886年毕业于剑桥大学圣约翰学院，后来担任伦敦一所大学的物理学教授，1917年担任南非约翰内斯堡金山大学的经济学教授。——译者注

笔通胀税，也不愿意放弃使用货币。与其他使生活更为便利的条件一样，使用货币是要征税的，尽管由于各种各样的原因，这种特殊的征税方式极度地不明智，但是，只要政府以这种方式所征收的税额尚且不是过高的话，即便公众对此一般都已有所预见，政府也还是可以通过**持续地**实施通胀来获取资源。这就好比车辆在公路上行驶需要交费或贸易往来需要被征收营业税一样，使用货币也同样要缴税。这种税费越高，道路上通行的车辆就越少，贸易往来也会减少，同样人们也就会更少地使用货币。但是，总还有一定数量的车辆在道路上通行，总是有些贸易活动有利可图，有些场合使用货币支付总是有其便利之处，所以，只有非常之高的税费才会使道路上车辆绝迹，贸易往来断绝，一切货币支付均被停用。不过，政府一定会记得，即使税收尚未高到危险的地步，它也未必是有利可图的，而相对温和、不极端的税负水平则可以取得最大的利益。

假定通胀率使得货币价值每年下跌一半，再假定人们到商店零星购买商品所用到的现金一年之内转手100次（也即平均放在自己口袋里半个星期就流通出去）；那么，这相当于对每次交易征收0.5%的周转税而已。人们会很乐于承担这样的税负，只要能够避免和商人们进行物物交易所带来的不便与麻烦就可以了。即便货币价值每月下降一半，人们通过在自己的钱包里尽可能地少保有货币，平均每隔一天即转手一次，而不再是半个星期转手一次，仍可使得这一税负下降到每次交易不足2%的税率水平，或者更准确地说，每1英镑收取4便士的税。因此，较之于物物交换，就是像这么高的贬值率也不足以抵消在日常生活琐碎的零星交易中使用货币所带来的好处。这就可以解释,为什么即使在德国和俄国,人们仍然愿意使用政府的货币来达成众多零售交易。

不过,出于现代社会赋予货币的某些其他的目的,通胀税在很早期的阶段就是受到抑制的。例如,作为价值贮藏的手段,一旦人们对货币贬值的预期颇为肯定,货币就会迅速遭到抛弃。作为契约和资产负债表的计量单位,虽然当前的通货作为法定货币具有偿还债务的权利,这一权利会降低它原应被抛出去的速度,但是很快它就会变得一无用处。

在最后阶段,除了钱包中需要常备的零星支出之外,使用法定货币再无其他意义可言,通胀税最终会把自己打败。因为在这种情况下,所发行货币的总价值足以满足公众的最低要求,这一总价值相对而言是如此微不足道,以至于政府通过进一步通胀所能获取的资源数量非常之小,当然,进一步通胀在程度上要止步于人们即便连零星的交易也不打算使用货币的程度之前。这样一来,除非采取一些相对温和的措施,这种极为有效的政府攫取资源的手段反而会毁于那些使用者之手,同时还会将他们的财政体制陷入万劫不复的深渊——在国家经济生活的起伏之中,一个经过革新、受人敬仰的新体制或许会再次从这样的废墟之上建立起来。莫斯科的切尔文券[1]和维也纳的克朗,如今已经是比法郎和里拉更稳定的货币了。

---

[1] 此处指的是苏联于 1922 年引入的新货币单位——切尔文券(chervonetz)。切尔文曾是旧时沙俄的大型金币,俄文意为"赤金;更高纯度的黄金",值旧俄时代的 10 个金卢布。1922 年 10 月 11 日,苏联政府颁布法令,授权国家银行发行切尔文券,规定切尔文券对应一定纯度的金币,相当于沙俄时期的 10 卢布。由于切尔文券有稳定和充足的保障,很快获得了市场信任。1923 年初,切尔文券在全苏联货币流通总量中仅占 3%,到了 1924 年 2 月已经增加到 83.6%。——译者注

所有这一切都可以由近期发生在德国、奥地利和俄罗斯的情况得到很好的阐释。下面这些表格给出了不同日期这些国家货币发行量的黄金价值。

表1

德 国	货币发行量 （单位：10亿马克纸币）	1单位金马克价值 纸币马克的数量	货币发行量的价值 （单位：10亿金马克）
1920年12月	81	17	4.8
1921年12月	122	46	2.7
1922年3月	140	65	2.2
1922年6月	180	90	2.0
1922年9月	331	349	0.9
1922年12月	1 293	1 778	0.7
1923年2月	2 266	11 200	0.2
1923年3月	4 956	4 950	1.0
1923年6月	17 000	45 000	0.4
1923年8月	116 000	1 000 000	0.116

表2

奥地利	货币发行量 （单位：10亿克朗纸币）	1单位金克朗价值 纸币克朗的数量	货币发行量的价值 （单位：10亿金克朗）
1920年6月	17	27	620
1920年12月	30	70	430
1921年12月	174	533	326
1922年3月	304	1 328	229
1922年6月	550	2 911	189
1922年9月	2 278	14 473	157
1922年12月	4 080	14 473	282
1923年3月	4 238	14 363	295
1923年8月	5 557	14 369	387

表 3

俄 国	货币发行量 (单位：10 亿 卢比纸币)	1 单位金卢比价值 纸币卢比的数量[1]	货币发行量的价值 (单位：10 亿金卢比)
1919 年 1 月	61	103	592
1920 年 1 月	225	1 670	134
1921 年 1 月	1 169	26 000	45
1922 年 1 月	17 539	172 000	102[2]
1922 年 3 月	48 535	1 060 000	46
1922 年 6 月	145 635	3 800 000	38[3]
1922 年 7 月	320 497	4 102 000	78
1922 年 10 月	815 486	6 964 000	117
1923 年 1 月	2 138 711	15 790 000	135
1923 年 6 月	8 050 000	97 690 000	824

各个阶段的表现都非常明显地摆在我们面前。首先，这些表格告诉我们，在币值崩溃阶段，货币贬值率以多么快的速度在超过通货膨胀率。从 1920 年 12 月份开始，在德国马克崩溃阶段，其贬值率一度是通胀率的两倍左右，最终在 1923 年 6 月，货币发行量较之于 1920 年 12 月增加了 200 倍，而马克的价值则下跌了 2 500 倍之多。上面给出的奥地利的数据始于该国币值崩溃过程中稍晚的阶段。但是，如果我们把 1920 年的奥地利视同于 1920 年 12 月份的德国，那么，从该时间点到 1922 年 9 月这一期间，事态的进展与德国在 1920 年 12 月到 1923 年 5 月这一时期差堪比拟。俄国在 1919 年 1 月到 1923 年早些时

---

[1] 1923 年开始采用的是"苏联国家计划委员会"的数据，之前是莫斯科经济所的数据。

[2] 之所以会有这一增加，乃是因为在该国的交易中重新使用货币，即该国的新经济政策的结果。

[3] 所达到的最低的点。

[4] 这一下降或许可以归因到该国引入了新货币单位切尔文券。

候的数据也表现出同样的总体特性。

这些表格中的数字都是在已经发生相当大幅度的贬值以及货币总量的黄金价值已经大大低于正常水平之后才开始记录的。[1]尽管如此,其中最早的那些记录仍然属于最终的复苏已经为众人所预期,而一般大众对于他们所置身其中的这场变故一无所识那样的时期。这些数字表明,由于在这些日期之后的局势发展,人们除了一些零售交易之外都弃用了货币,所以,所发行货币的总价值下降了大约五分之四。作为极度恐慌或萧条的结果,一段时间内,可能还会发生进一步的下跌;但是,除非人们完全放弃使用货币,否则的话,只要货币的使用达到最低限度,那么,即便是最不利的环境也可能由此而产生猛然的好转。

在德国1923年2月币值崩溃之后,曾有一段短暂的复苏期。这段短暂的复苏期表明,如果人们继续使用货币,一旦触底的话,这个反弹的时点以及使得某种复苏成为可能的那些技术条件是如何达成的。当货币的黄金价值跌至极低水平时,如果政府还握有任何外部资源,那么,要想给予充分的支持以使得汇率暂时不再继续下跌,均非难事。到了那个时候,公众也会尽可能地减少对货币的使用而至几乎无可为继的不便境地,正是由于这一点,哪怕他们对货币未来价值的信任程度只是稍为增强,也会提高人们对它的使用。故而,所发行货币的总价值就会趋于好转。到1923年2月时,这些条件在德国皆已足备。德国政府在极为不利的政治环境下,两个月之内即取得了马克的汇价提高一倍的结果,而同时货币流通量增加了不止一倍。不过,即便如此,所发行货币的黄金价值也仅回到了六个月之前的样子;如果人们对货币的这种相对信心能够得到恢复,那么,把德国货币流通量

---

[1] 德国的战前通货估计约有60亿金马克(3亿英镑),人均差不多合5英镑。

的价值拉回到至少（比如说）20亿金马克（合1亿英镑），原也是完全可能的事情。除非每个人都竭尽全力少持有货币而甘愿忍受由此带来的不便，否则的话，这个数字可能就是长久地维持马克的现有汇率所需要的最低数值了。顺带说一句，在这一走向复苏的过程中，德国政府通过发行货币再次取得了对相当数量实际资源的掌控。

就在本书写作之时，奥地利的汇率已经稳定下来有一年之久，随着信心的提升，同样的现象已经变得非常明显，所发行货币量的黄金价值较之于1922年9月的最低点提高了将近两倍半。在外国的帮助下，正是因为不断提升的信心，才使得虽然货币发行量增加，却没有危及这种趋于稳定的局面，而这种趋于稳定的局面可能最终还会使发行量进一步增加。

即便是在俄罗斯，态势似乎也已达成了某种均衡。截止到1922年年中，通胀趋势走到了最后的阶段，此时，六个月时间[1]里十倍的通货膨胀幅度使得所发行货币量的总价值不足400万英镑，这一数额哪怕是维持当前条件下俄罗斯的商业交易也是不可能的。这样的程度，乃是人们完全弃用纸币卢布之时才会达到的。差不多就在这样的时候，我曾有机会在日内瓦与苏联的一些金融家进行交流。对于他们的货币政策，这些金融家自然比其他人在认识上更为熟悉，在思虑上也更加深远。当时，他们认为，不管公众对于这些卢布最终将分文不值这一点多么地肯定，只要法律强制在某些类型的交易上必须使用纸币卢布，那么，这些卢布就总可以保持流通，最终达到某个**最低**的实际价值水平。如果按照这样的盘算，即便纸币卢布每年有规则地以十倍或

---

[1] 近来各处的情况似乎表明，在零售交易中不统统弃用货币的条件下，每三个月通胀100%是可能的，但是如果通胀率比这还要高，就只能陷入全盘崩溃的危险之中。

百倍的速度贬值（唯一的麻烦是为了计算的方便，每年在货币计量单位上删掉一个零或几个零而已），通过这种方法每年从（比如说）300万英镑提高到400万英镑也就总有可能。事实上，在之后的一年中，他们的确做得比之前更好，而且通过把通胀率降到每三个月不超出一倍太多，他们还可以把货币总价值提高到之前最低点的一倍以上。在这一年中（1922年4月到1923年4月），通过这种方式政府筹集了价值1 500万英镑的物资来满足政府的支出，其代价不过是在这一整年的货币单位上抹掉一个零而已！[1] 与此同时，为了提供可靠的价值贮存手段，也为对外贸易提供基础，苏联政府在1922年12月引入了一种新的货币单位 [即切尔文券，或称金达克特（gold ducat）]，这种货币根据英镑汇兑本位原则可以与外币自由兑换，与纸币卢布并行不悖，纸币卢布仍然是必不可少的税收工具。截至目前，银行发行的这种新钞票在流通中仍然颇受肯定。到1923年8月，它的流通量已经升至1 600万，其价值约为1 600万英镑，而其交换价值也较为稳定，国家银行兑换1个切尔文券的平价是1英镑。[2] 这样一来，到了1923

---

[1] 苏联政府一贯坦率地承认，货币通胀就是一种税收工具，他们自己估算，通过这种手段国家所获得的购买力在过去几年的金额如下（以百万金卢布为单位）：

1918年	525
1919年	380
1920年	186
1921年	143
1922年（1月到3月）	58

或者说总额1.3亿英镑。

[2] 截至目前，切尔文券总是以很低的溢价被售出，其利率为：1923年3月15日，1单位切尔文券＝1.07英镑；1923年4月17日，1单位切尔文券＝1.05英镑；1923年6月15日，1单位切尔文券＝0.94英镑；1923年7月27日，1单位切尔文券＝1.05英镑。

年年中的时候,无论良币、劣币,俄罗斯发行的纸币总价值已经达到相当高的 2 500 万英镑,这与 1922 年 5 月热那亚会议召开时的 400 万英镑形成了强烈的反差,这表明人们的信心在回升,新的货币制度得以重新建立。俄罗斯的例子颇有启发意义(至少暂时来看是这样的),它告诉我们,在不使日常生活发生大变化的情况下,为数额巨大的交易和小额的日常领用提供所需的货币是完全可能的,这种货币持续的贬值只是代表着它作为一种周转税率,尚且处在公众可以忍受的范围之内。

德国币值的崩溃是导致 1923 年裘诺(Cuno)博士[1]所领导的政府倒台的主因。德国的货币体系之所以会崩溃,并非由于通胀税负过于沉重——因为多年来一直都如此——而是通货膨胀的速度过快,几乎连日常的交易都难以为继,摧毁了法定货币作为计量单位的功能。我们已经看到,人们在日常零售交易中使用货币,关心的乃是货币贬值的速度,而非与以前相比货币贬值的绝对数量。

我在 1922 年年中曾粗略地估计,德国政府通过印钞,在过去一段时期里每年取得了价值为 7 500 万英镑到 1 亿英镑的资源。然而,到 1922 年年中的时候,这些收入当中的很大一部分都是由外国投机者购买马克而贡献的。尽管如此,德国公众可能还是通过这种税收形式支付了 5 000 万英镑。由于直到 1920 年 12 月德国发行的货币价值仍然高达 2.4 亿英镑,甚至到 1922 年年中时也没有跌至 1 亿英镑以下。所以,可以这样说,上述的贬值速度对于马克作为价值贮藏或作为计量

---

[1] 即威廉・卡尔・约瑟夫・裘诺(Wilhelm Carl Josef Cuno,1876—1933),是德国的一名商人和政客,从 1922 年到 1923 年担任德国总理,历时 264 天。在他任总理期间,鲁尔区被法国和比利时占领,德国出现了恶性通货膨胀。——译者注

单位而言已经构成重大打击，对于马克在日常生活中的继续使用，这种贬值速度绝对是具有毁灭性的。不过，在 1922 年晚些时候，公众认识到要尽可能地少使用马克这种货币，这使得货币总量的价值缩减到了大约 6 000 万英镑。正如我们已经看到的那样，占领鲁尔区所造成的首要影响，就是把货币量降到了公众可以就其使用货币的习惯进行调整所需的最低限度，这最终导致了 1923 年 3 月出现货币的短暂复苏。虽然是这样，到了 1923 年年中的时候，公众已经习惯价值为 2 亿英镑的货币发行量了。通过印钞这种手段，德国政府每周攫取大约 100 万英镑的日子持续了相当长的时间，而每周攫取 100 万英镑，即便公众已经没有能力进一步降低货币总量的价值，它也意味着马克每周要贬值 5%，而且，如果允许人们进一步减少对马克这种通货的使用，那么每周贬值 10% 亦不在话下。

但是，鲁尔区抵抗侵占所发生的费用，再加上其他税收来源彻底归于崩溃，到 1923 年 5 月和 6 月的时候，已使政府通过印制钞票的方式先是每周攫财 200 万英镑，嗣后又攀升到每周 300 万英镑。印钞之举使得总价值下降，此时的总价值只有大约 2 000 万英镑那么多了，这是在把通胀税推到愚蠢至极、自取灭亡的地步。人们开始迅速地朝向完全放弃使用马克这个方向前进，社会因此而陷入无序的混乱状态，也使得裘诺博士的政府快速倒台。[1]裘诺博士在台上的最后那段日

---

[1] 必须承认，裘诺博士对于财政部和德国国家银行的控制不力，是致使这一切得以发生的根源。在这一灾难性的时期，那些对德国财政政策负有责任的人士没有做出过哪怕是一件明智的事情，对于正在发生的事情毫无察觉。印制钞票的利润所得甚至都不是完全握在政府手中的。赫尔·哈文斯坦（Herr Havenstein）一直都允许德国的银行在德国国家银行以远低于贬值率的贴现率对它们的票据进行贴现，以此来分享利润所得。只是到了 1923 年 8 月底，德国国家银行才开始要求借款人应该以一定的百分比补偿因所借的马克在贷款期间发生贬值而给银行带来的损失（按照美元汇率计算）。

子里，通货膨胀达到了顶峰，政府一周之内发行的货币量增加两倍，在这一时期，政府发行全部价值约为 400 万的货币而取得 300 万英镑的等值物——其表现远远超过了苏联最疯狂时期的情况。

到本书出版之际，裘诺博士的继任者对于他们所要面临的问题，可能已经解决，也可能没有解决。然而，无论怎么样，恢复货币有效计量单位的功能似乎应该是他们所要走出的第一步。这对于目前德国从深陷恶性循环的金融体制中逃脱出来，是必要的前提。德国政府没有办法引入良性货币，这是因为在缺乏其他收入来源的情况下，印刷劣币是维持生存的唯一出路。然而，有效的货币计量单位又是从正常的收入来源中获取资源的先决条件。因此，最好的处理方法是先满足于劣币作为一种收入来源，但要马上引入一种稳定的计量单位（它与劣币之间的兑换关系可以由官方每日或每周来确定一次），以此作为恢复正常收入来源的开端。

德国近年来的财政史可以这样来概括。在其早期阶段，尤其是国外投机者仍然在购买马克纸币时，作为国库收入来源，通胀税非常好使，而由此带来的对通胀税的依赖，则逐渐破坏了马克作为计量单位的有效性，其中的一个影响结果就是使其他绝大多数财政收入来源枯竭——因为大部分税收在它们被征收上来之前总是要在一定时间间隔内对其价值进行评估的。除了通胀税以外的其他税收收入的丧失，使得财政越来越依赖于通货膨胀，直到最后，公众完全弃用法定货币，以至于哪怕是通胀税也不再有效，政府处于破产的边缘。在这个阶段，国家的财政机构彻底遭到了破坏，其社会经济组织也陷入一片混乱之中，与俄国在十八个月之前的情况一样，在这样的过渡时期如何设法维持政府的运行已然成了一个令人大感棘手的问题。当此与法国的斗争如火如荼之际，重建常规国家征税机器的任务更是迫在眉睫。尽管如此，这个问题也不是没有解决的办法；我们还是可以给出许多的建议；无疑，最后一定可以找到一条突围之路。

当一国政府可以通过通货膨胀来维持运行时，人们一般会认为，似乎该国的人民避免了税收的负担。但是，我们已经看到，实际的情况并非如此。通过印制钞票而从公众身上获得收入，与征收啤酒税或所得税的行为是一样的。政府的支出是要公众来买单的。像不能抵消的赤字之类的情况一样，不需要公众买单的政府支出并不存在。但是，在有一些国家，为了取悦公众，作为他们纳税的回报，至少在一段时间内会在水印的纸币上精致地印上政府的致谢之语，这样的例子并不鲜见。在英国，我们从检查员手上拿到所得税的票据后，就把它们丢进废纸篓；而在德国，他们则把它称为银行券，要把它们放进自己的口袋里去；在法国，他们把它称为**统一公债**（*rentes*），要把它们锁进自己家的保险柜里去。

II. 货币贬值与资本税

上一节我们已经看到，政府为了确保自己入可敷出，会尽可能地利用通货膨胀这种手段来达到目的。但是，通货膨胀还可以用另外一种方式帮助政府实现目标，那就是通货膨胀可以减轻之前用货币形式来确定的债务负担。这些债务主要是国内债务。很显然，贬值每继续向前一步，就意味着公债的持有者对政府的实际求偿额在减少。

要是认为政府（俄国政府可能是个例外）为了确保本节所讨论的这些利益会有意将其货币贬值，这种看法或许有些过于愤世嫉俗了。一般来说，他们是出于必要而不得已这么做的，或者说他们自己认为是这样。财政部需要为一些突发性的财政支出筹措资金——比如战争的需要或者因战败而需要支付赔款——这可能是通货膨胀最初的原因,至少是一时之间的**临时**起因。但是,货币之所以持续地贬值,或者之所以由于临时危机而导致的货币价值下降的局面被长期保持下去,一般来说,其最具说服力的原因可以在这样的事实当中找到:把货币价值恢复到它以前的水平将会加重每年固定偿还的国家债务负担,以至于政府无力承担得起。

尽管如此,只要法定贬值的反对者准备好了随时面对这种局面——通常他们是不肯的——在这样的情况下,还有另外一种替代的办法,那就是征收资本税。本节的目的就是要阐明,在以货币形式固定支付的国家契约式债务一旦超出它所应占的国民收入比例时,对**食利者阶层**求偿权进行适度调节的两种方法所具有的**各自**的特征。

无论是古代社会还是现代社会,积极活跃、富有生产力的社会成员都不会认同**食利者**或债券持有者阶层应当拥有超过其应得的某一比例之外的劳动果实。一旦债台高筑,超出了社会可以容忍的限度,它通常就会以下面这三种可能的办法来予以纾解。第一种办法是拒偿。但是,除非它是伴随着一场革命发生的,否则这个办法就显得过于野蛮,而且是蓄意为之,其影响也过于恶劣了。受到侵害之人很快意识到这种侵害的发生,随即就会大声地谴责和抗议;因此,在西欧国家没有爆发革命的情况下,目前解决西欧国家的内债问题可以排除使用这种办法。

第二个办法就是通货贬值,即法定贬值。在欧洲近年来的各交战国中,这种权宜之策已经在相当大的规模上予以推行,由此而带来的实际债务负担的减少,大约在50%—100%之间。在德国,通过这种手段,国家债务几乎已经消弭于无形,债券持有者失去了一切。在法国,如果法郎还维持在票面价值上的话,实际债务负担较之于应该承担的,尚不足后者的三分之一;而在意大利,这个数字只有四分之一。那些小额储蓄者受到的损失比较微小,对于货币的大幅贬值,他们平静地接受了下来,因为经验表明,政府蓄意地以较公平的手段从他们手中取走一部分财产,与推翻政府从而带来一场大规模的掠夺相比,还是可以忍受的。

不过,这样的事实很少能从好的方面来为这种权宜之策进行合理的辩护。它所带来的间接害处是很多的。这个办法不是根据等级规模在财富的各个阶层之间对损失进行分摊,而是把所有的负担都加在了以固定利率收取利息的公债所有者们的身上,它不但放过了企业资本家,甚至还使他们发财致富,而小额储蓄者和拥有大笔财富之人一样,都受到了损害。它所遇到的抵制最小,而且也没有哪个个人会为此承担责任。可以说,当政治机体要进行自我治疗而畏缩不前时,这种补救办法就会悄无声息地运行起来。

剩下的这个办法,就是科学、便捷地征收资本税,而它还没有被大规模地尝试过;而且可能永远也得不到尝试。这是一种合乎理性的审慎之法。但是,要解释起来却颇有些困难,而且由于它与人们内心深处追逐金钱以自我保护的本能彼此冲突,所以,人们对它持有很强烈的偏见。除非患者理解并且赞同医生进行大的外科手术的用意,否则的话,他是不会屈从的。

一旦货币贬值开始奏效,我本不应该赞同不明智的,甚至可能是不切实际的重走由资本税相辅助之路的政策。但是,如果债券持有人所要求的收益显然已经超过了纳税人可以承受的限度,而且如果还有时间让我们在征收资本税和进一步贬值的政策之间进行选择,那么,从便利和公平的角度考虑，对资本征税一定更值得我们选择。与征收资本税相比，货币贬值之法有一个非常值得关注的缺陷，对于那些财富是以法定货币的受偿这种形式持有的人们来说，货币贬值所造成的损失完全落在了他们的头上，而这些人在资本家当中则是相对较为贫穷的资本所有者。它的影响所及，完全不分阶层；落在小额储蓄者头上的负担和落在大笔资金所有者头上的负担一样沉重。同时，由于那些我们在第一章所给出的原因，它还会使企业资本家阶层获益。不幸的是，小额储蓄者因货币贬值几乎损失殆尽，他们正是对征收资本税最为警觉的那一类保守分子。而另外一方面，企业家阶层显然更青睐贬值，因为这对他们打击不大，而事实上还可能让他们变富。综合这两种因素，一般的结果将是这样的：国家会更倾向于支持不公平的、充满灾难性的货币贬值，而不是科学、审慎地对资本课税。

有这样一派受人尊敬而又颇富影响的舆论，它猛烈地抨击对于上述那些权宜之策的采纳，强烈地谴责法定贬值和征收资本税，理由是这些政策破坏了契约神圣不可侵犯的古训。对于既得利益，它表示尊重，因为除了法定贬值和对财产强制征税之外的任何一种替代形式，至少都是具有合法性并且是符合先例的。然而，这些人却忽视了所有社会原则中最大的原则之一，那就是在个人的违约权利和国家对既得利益的控制权利之间所存在的根本区别，所以他们正是其所力求维护之物的最大的敌人。这是因为，除非国家对那些令人无法忍受的合约拥有重新修订的相机行事之权，否则的话，并没有什么力量可以确保个人之间契约的完整性。利滚利最后带来的结果是非常可怕的。如果既得利益不断地累积，持续数代人而没有丝毫减轻的话，一半人口的处境，与给另外一半人口做牛做马并没有什么分别。在战争期间，对于国家来说，借款要比征税更容易，这一事实也不可能让纳税人永远成为债券持有者的奴隶。那些认为国家在这些事务中与个人的情况并无分别的人们，如果按照他们的道理，他们就不可能会让个人主义的社会存续下去，而这个社会要想继续下去，就必须恪守中庸之道，对任何信条都不能过于极端。

如果经验没有表明，许多保守的银行家认为，将公众对财政话题的讨论从逻辑上转移到所谓的"道德"层面上——这意味着既得利益可以在无须进一步辩论的情况下战胜公共利益，那么，这些结论可能会被认为是显而易见的。但是，在危机四伏的过渡时期，这些结论就经不起推敲，不值得我们去追随。对于人们在日常事务中为谋求企业经营的确定性和安全性而采取的行为，国家是绝对不能忽视其重要性的。但是，当重大决策需要做出的时候，国家就是这样一个至高无上的实体，它是以扩大全体人民的最大利益为宗旨的。因此，一旦我们进入了国家行为的范畴，一切都要根据其自身的是非曲直来重新被思考和权衡。在所有的时代，遗产税、所得税、土地所有制度、经营许可权、赌博法、教会制度、封建特权、奴隶制等等之类的变化，莫不一样受到过契约至上主义者们的谴责，而他们才是真正孕育了革命的人。

在我们本国，征收资本税问题的答案，取决于债券持有者收益的大幅提升是否超出了纳税人长期来看所能够支撑的限度，而之所以他们的收益会有如此大幅度的提升，原因正在于这样的事实：通过借款而不是税收来满足战争费用的一时之需要更加容易，而且可能也更加便捷。遗产税、所得税以及对非劳动所得征收的附加税，这些税种的税率如果比较高的话，则债券持有者的净收益将大大减少，[1]此时的资

---

[1] 法国统一公债的净收益超过 6%，英国的情况是比 3% 多一点。

本税问题又会有所不同。虽然如此，战后对劳动收入征收的标准税率如果没有达到6%—10%之间这样在平时比较普遍的水平，似乎常规预算就很难实现平衡，当此之际，对资本课税看起来就在所难免。时局不安，的确显得越发的诡谲多变。如何才能找到解决之法实现常规的预算平衡，仍是未知之数，而且常规预算极其依赖于英镑价格稳定在什么样的水平之上。如果英镑的价格水平大幅下挫，那么，无论是出于谋求恢复旧有的金本位制度的政策，还是其他的原因，征收资本税可能都应该是对的。不过，如果英镑的价格稳定在诸如战前水平的80%—100%之间——在其他基础上可能也有值得期待的解决办法——而且如果该国能够逐渐恢复繁荣的话，那么，我们就可以在既不进一步对劳动收入征收重税，也不对资本征税的情况下，实现我们未来预算的平衡。从实际执行的角度观之，对资本征税是完全可行的，而且不会招致过多反对，而开征任何同样规模的新税种总会遭遇比这要大得多的反对意见。虽然是这样，它还是和其他所有的新税种一样，要想没有任何阻力就把税给收上来，仍然是不可能的，因此，就其本身而言，如果只是用它来取代具有同样税率的已有税种，就不值得对它如此抬爱。要在过去的积累和当下努力的成果之间进行税负上的调整，征收资本税都可算得上是最公平、也最便利的方法了，不管在什么时候，站在国家的角度上看，打击后者的积极性总是不可取的。判断征收资本税这种办法是否恰当，不应该根据它自身，而应该根据其他那些也可以实施的办法来评判。经验表明，社会的积极力量从长远来看不会对既得利益做出过大的让步，这一点是毋庸置疑的，而且，即便在这个方面没有做出必要的调整，在其他方面也必然会跟上，不征收资本税，可能就会使用货币贬值的办法。

有几个国家，其现有的内债负担已经使货币贬值如箭在弦，不得不发，只是早晚的问题罢了。如果我们拿法国的局势来作为参考，那将有助于对这种情况做出充分的说明。法国可是各类绝对主义者的大本营，因此它也迟早会迈入**混乱的深渊**。这个国家危如累卵的财政状况如下：

在 1922 年底，先把法国的外债完全排除不计，它的内债已经超过 2 500 亿法郎。为接下来的时期所做的预算需要进一步借款，除此之外，还有由政府保证的在经济重建方面的贷款，两者综合起来，到 1923 年年底，会使法国的内债总额达到大约 300 亿法郎。此项债务的利息每年就高达 180 亿法郎。1923 年法国暂定的[1]预算下，其总的常规收入估计只有 230 亿法郎左右。也就是说，以 1923 年早些时候的法郎价值来算，光这项债务的利息一下子就把几乎全部税收收入给拿走了。由于在一般预算当中其他的政府支出（也即抛却战争津贴和未来用于重建费用之外的政府支出）一年中不能低于 120 亿法郎，所以，即便我们假设 1923 年之后非常规预算中的未来支出皆由德国承担，法国的税收收入必须永久性地提高 30%，这才能够既可以支付债务利息，又能满足那 120 亿法郎必要的政府支出。而我们的这个假设不可能与现实相符。不过，如果法郎贬值到（比如）100 比 1 来兑换英镑的话，这 120 亿法郎的一般性政府预算还是可以实现平衡的，只需要对这个国家的实际收入比 1922 年稍微多征收一点税收就可以了。

在这种环境下，要想一点也不要货币继续贬值所提供的帮助，即

---

[1] 对该年度最终结果的预测常有变化，可能多少会与这里所述有所差别，不过这对我们的论证不会产生什么影响。德·拉斯特里先生近来还颇为骄傲地指出，自从他首先提出他的预算之后，法郎的进一步贬值已经怎样在改善了以法郎计算的收入状况。

便不是不可能，也一定是非常困难的。那么，对于那些仍然在严肃地讨论把法郎恢复到其先前的平价上去的人们，这又情何以堪？如果真的恢复到先前的平价水平，则统一公债所造成的已经无法忍受的债务负担还会再翻上三倍。法国的纳税人若能安然接受这样的结果，那可真是不可思议了。即便奇迹真的出现，法郎被拉回到之前的平价上，那它也不会稳定在这样的水平上不变。因政府入不敷出而不得不发起的新一轮通货膨胀，一定会把法郎的价格重新拉下去。而且，我之前所做的假设是完全取消法国的外债，1923年之后由德国承担起这非同一般的预算负担，但是这样的假设与当前的预期完全不符。单就这些事实而言，法郎不可能恢复到它之前的价值上来，也已经是板上钉钉的事情。

到了一定的时候，法郎必然要在或增税、或减支，又或者降低所欠统一公债持有人的资金规模之间找到某种折中的办法。法国公众一贯会认为，加大货币贬值这个药方比起公平设计出来的资本税来，过于保守，过于循规蹈矩，而且还是代表着小额储蓄者的利益的；政府可以把货币贬值之责归在德国人的"不怀好意"或伦敦与纽约奉行的金融马基雅维利主义头上，而对资本课税，法国财政部部长很难不落下坏名声。

如果我们展望未来，把眼光从财富的生生灭灭、起起落落中转移开来，长期来看，法郎的价值既不取决于投机或贸易余额，甚至也不是法国在鲁尔区所采取的冒险行为的结果，而是取决于法国纳税人愿意从他们的劳动所得中拿出多少比例付给法国的食利者阶层。法郎汇率水平会一直下降，直到要给予食利者的以商品衡量的法郎价值下降到其所占国民收入的比例与这个国家的习惯和心态相一致的程度。

第三章 货币和汇率理论

对于价值标准不稳所带来的灾难性后果,我们已经充分地阐述过了。在这一章,[1]我们要为以后各章给出的那些切实的建议奠立理论上的基础。一直到最近,很多关于货币理论的学术论著都还在金本位制度这一前提下立论,对于这些理论,我们有必要重新思量,根据现行的非兑换纸币制度进行改造。

I. 货币数量论

货币数量论是非常基本的一套理论。它与事实相符,无须质疑。[2]虽然是这样,但这一理论还是常被人误读和歪曲,谬种流传。戈申六十年前曾说:"许多人都听不得物价水平与货币数量之间存在一种确定的关系。"这话放在今日依然成立。

这一理论是从这样的事实中出来的:如果没有了交换价值,货币

---

[1] 比起本书的其他部分,本章有些地方不可避免会涉及一些让门外汉们理解起来感到非常困难的内容。那些对理论基础不是那么有兴趣的读者径直略去即可。

[2] "人们经常对货币数量论或为之变化,或加以反对,就好像它是一套确定的理论,要么对要么错。而实际上,表达这一理论的公式不过为了能让我们以一种有组织的方式把那些决定货币价值的主要原因聚合在一起而已。"(庇古)

本身并没有什么用处，这就是说，货币的用处就在于它可以购买商品。是那些有价值的商品而不是货币，才给我们带来了效用。只要它们可分并且可以转让，则它们所带来的效用总量就会随着数量的增加而增加——这不是与数量适成比例地增加，而是直到某一餍足点之前会一直增加。

如果某种商品被当作货币使用，比如黄金，其自身在除了作为货币这一目的之外是有效用可言的，那么，虽然基本原理上不会有什么变化，但是对货币数量论的严格表述就会变得稍显复杂。在目前的情况下，我们可以免于去讨论这种更加复杂的情形。纸币本身并没有什么效用，除了它作为货币所拥有的购买力之外，可以说没有任何价值。

因此，人们所想要的不是多少盎司的黄金，或者多少码布，甚至也不是多少英镑的纸币，而是一个数量，这个数量足够一个星期的工资或者足够支付他们的账单，或者能够满足他们出门旅行或一日购买商品的可能的花销。当人们发现他们所拥有的现金超过了上述所需时，就会通过购物或投资，把钱存到银行里去，或者也可能用贮藏起来的方式来处理这部分剩余。人们手中持有纸币的**多寡**，取决于它所具有的**购买力**的大小，而与其他无关。购买力的大小，部分取决于他们的财富，部分则受制于习惯。人们的总财富只会慢慢地发生变化。而他们使用货币的习惯——无论收入的形式是周工资、月工资还是季度工资制，也不管他们在商店购物时是支付现金还是记账，也不论他们是否在银行存款，也不管他们短期内兑现小额支票还是长期内兑现大额支票，也不论他们是进行储备还是把货币藏在家里——则更容易被改变。不过，如果他们的财富和他们在上述这些方面的习惯均未尝改变，那么，他们以货币形式所拥有的购买力的大小就是确定不变的。我们可以根据某个单位来对这种购买力的确定数量进行度量，这个单位我们可以选择一组基本消费品或其他的支出项目的规定数量来表示；例如，为了设计生活成本指数而组合起来的商品种类和数量。我们把这样的一个单位称为是一个"消费单位"，并假设人们需要持有具有 k 个消费单位购买力的货币数量。n 为流通中的纸币或以其他形式为公众所持有的现金的数量，p 为每一消费单位的价格（即 p 是生活成本指数），这样就有 $n = pk$。这就是著名的货币数量论。只要 k 保持不变，n 和 p 就会同时增加或减少；也就是说，货币量增加或减少，价格水平就会同比例地提高或降低。

到目前我们一直假设，公众对购买力的全部需要都可以由现金来满足，另一方面假设这种需要也是货币需求的唯一源泉；这一假设忽略了公众包括工商界为着同样的目的会利用银行存款和透支贷款，同时银行出于同样的原因也要持有一定量的现金这一事实。不过，货币数量论很容易就可以扩展到包含这一情况。我们假设公众包括工商界认为持有的现金为 k 消费单位，此外还以银行支票的形式持有 k' 个消费单位，银行持有的现金占其对公众的潜在负债（k'）的比例为 r。那么，我们的公式可以写为：

$$n = p(k + rk')$$

只要 k、k' 和 r 保持不变，我们就会有和前面一样的结果，也即 n 和 p 会同时增加或减少。k 和 k' 之间的比例取决于公众对于银行业务的安排；它们的绝对值一般来说是由人们的习惯决定的；而 r 的取值则取决于银行在留取准备金上面的惯例。这样，只要这些不做改动，我们就仍然可以在现金**数量**（n）和价格水平（p）之间建立起直接的关系。[1]

我们已经看到，k 和 k' 的大小部分取决于一个社会的财富多寡，部分受制于这个社会的习惯。人们经常会在将更多现金握在手中可能带来的便利与将其用于消费或投资得到的好处进行权衡，形成固定的习惯。一旦预计更多现金握在手中带来的好处与将其用于消费或投资得到的利益达成了平衡，均衡点就实现了。有关于此，没有比马歇尔博士总结得更加精辟的了：

> 在每一社会中，人们的收入之中都有一部分被认为值得以通货形式加以保存；这或许占收入的五分之一，或许占十分之一，或许占二十分之一。以通货形式保有的大量资源，可以便利人们的买卖，使人们有可能讨价还价。但另一方面，这又使一些资源冻结在不生产的形式之中；而这些资源如果用于生产更多的家具，则可以满足人们的需要，如果用于生产更多的机器或饲养更多的牲畜，则能带来货币收入。在原始社会里，甚至在像印度那样相当进步的社会里，只有富人才想把他们的许多资源变成通货。在英国，除极穷的人以外，所有的人都存很多的钱；中产阶级的下层存钱较多，而用支票付款的富人则使用货币较少。但不管是哪种社会，其资源之中总有一部分是各不同阶级的成员想以通货形式加以保存的。所以，如果其他一切条件保持不变，通货

---

[1] 我这里给出的阐述更多地参考了庇古教授（《经济学季刊》(*Quarterly Journal of Economics*)，1917 年 11 月号）和马歇尔博士（《货币、信用与商业》(*Money, Credit, and Commerce*)，I, iv），而不是可能大家更为熟悉的欧文·费雪教授。费雪教授不是从人们持有货币的数量入手，而是利用货币价值和每一单位货币换手的频率来研究交易量，从这个角度开始他的分析的，最后的结果殊途同归。但是，我们这里使用的方法似乎比费雪教授的更为自然一些，与可观察到的事实也更接近。

量与价格水平之间就有这样的直接关系：要是这个增加10%，那个也增加10%。当然，人们想以通货形式保存其资源的比例愈小，通货总值就愈低，也就是说，与一定数量的通货相对应的物价就将愈高。[1]

到目前为止，在这一问题上应该没有什么异议。之所以货币数量论没能被广泛地接受，部分原因或许在于货币数量论的那些粗心的拥护者犯了下面经常会犯的错误。

每个人都会承认，人们在使用货币以及银行工具方面的习惯，以及银行在留存储备方面的惯例，总是不时地因为时代的发展而发生变化。这些习惯和惯例反映的是经济和社会组织的变化。但人们经常是在更进一步的假设下对这一理论进行解释，这个假设说，只是货币数量的变化不会影响 k、r 和 k'——用数学表述就是，n 是与这些数量有关的一个**自变量**。由此可知，n 随机地翻上一倍，由于它本身被认为不会影响 k、r 和 k'，所以，这就会使得 p 较之于原来的情况也翻上一倍。货币数量论通常是以这种或其他类似的形式来表述的。

现在来看，"在长期"这或许是对的。如果美国内战后美元取得了

---

[1] 《货币、信用与商业》（I, iv, 3）。（译文参考了商务印书馆1986年版叶元龙、郭家麟两位先生译本的相关译文。——译者注）马歇尔博士在该书同节的脚注里表明，上文所述实际上是考虑了这一问题传统思路的发展历程的："配第认为，'货币量只要能够支付英国全部土地的半年地租、四分之一的房租、全体人民的一星期的开支、全部出口商品的四分之一左右的价值'，对英国就'足够'了。"据洛克估计，货币量只要能够支付"工资的五分之一、地主收入的四分之一、经纪人每年现金报酬的二十分之一，就足够推动任何国家的商业了。"坎蒂隆经过长期而仔细的研究于1755年得出结论说，所需的货币价值为一国总产品的九分之一，或他所谓相同的东西，地租的三分之一。亚当·斯密的看法比较接近现代怀疑主义，他说"决定这个比例是不可能的"，虽然"据不同的作者计算，这一比例为年产品总值的五分之一、十分之一、二十分之一以及三十分之一"。在现代的情况下，货币流通量占国民收入的正常比例似乎当在十分之一到十五分之一。

稳定，法律规定美元低于其现值10%，那么，在这种情况下认为 n 和 p 要比其实际上的情况大上10%，而且 k、r 和 k' 在此时的取值完全不受影响，倒是无可指摘。但是，这个**长期**对当前我们要讨论的事务而言是一个颇具误导性的概念。**从长期来看，我们都会死去**。如果在暴风雨来临的时节，经济学家只是告诉我们一旦风暴肆虐足够长的时间后，大海会再次恢复平静，那么，这群经济学家给自己设定的任务也就太简单、太无用了。

在实际的经验中，n 的变化很容易就会引起 k、k' 和 r 的变化。在这里只要给出几个例子就已经足够说明问题了。在战前（实际上是从战争开始时），银行的储备政策，尤其是国家银行的黄金储备政策当中，有一个非常值得关注的因素，那就是这种储备的惯例在选择上的随意性。保有储备乃是为了向外显示银行做了这样的准备，而不是为了有朝一日可能会使用它，对储备的数量之选择，并不是经过严密的论证得来的。1900年到1914年间，在部分银行身上存在着一种明显的趋势，即当黄金流入时就尽可能留住黄金，当黄金流出时则颇不情愿地把它割舍掉。因此，当黄金相对充裕时，它们倾向于把它贮藏起来，从而提高储备的比例，结果南非新增的黄金都被吸收掉了，对价格水平造成的影响，较之于 n 增加完全不会影响到 r 值时的情况，还要小一些。

在农业国家，农民喜欢贮藏货币，通货膨胀并不会相应地提高价格，这在通胀初期表现得尤其明显。这是因为，由于农产品价格在一定程度的上涨之后，农民口袋里的钱更多了，这时候农民喜欢贮藏货币的习惯发挥了作用，钱留在农民的手中不再流转出去了；自我感觉更加富裕的农民们，就会提高收入中用于储存的比例。

如此一来，我们等式中的各项，经常会以各种方式在其变化过程中倾向于使 p 稳定下来，而且还存在着某种摩擦，阻碍 n 的适度变化对 p 造成完全相称的影响。

另一方面，n 的变化如果较大，就会消除原有的摩擦，尤其是 n 的变化来自在同一方向上会产生更大变化这样的总体预期时，可能会对 p 带来**超出**正常比例之外的影响。经过第一章的一般分析和第二章对灾难性通货膨胀的描述之后，我们基本上已经没有必要对此再做深入的阐释了——较之于十年之前，这一点要更容易为人们所理解。p 的较大变化，对个人的财富会有极大的影响。因此，这种变化一旦发生，或者很快被人们所预期到的话，公众试图保护自己而免于在未来遭受同样的损失，或者在从与原来的 n 值相对应的均衡向新的 n 值相对应的均衡过渡期间希望从中取利并避免损失，由此形成的那些持有货币的习惯，可能会大大受到这种变化的影响。因此，在 n 的取值变化之前（只要这种变化可以预期得到）、之中和之后，它都会对 k、k' 和 r 的取值造成一些影响，所以，p 取值上的变化将不会与 n 的变化适成比例，而无论 p 的这种变化不过是暂时性的，还是可能永远地被改变（因为习惯和惯例一旦改变就不会恰好恢复到其原来的样子），结果都是一样。

通货膨胀和**通货紧缩**这两个术语，在不同的作者那里有着不一样的含义。我们把 n 的增加或减少称为**现金上的通胀或通缩**，把 r 的提高和降低称为**信用上的通胀或通缩**，会带来很多方便。"信用周期"（现在用这个词来描述繁荣与萧条交替的情况）的特征，是由繁荣时期 k 和 k' 趋于下降，而萧条时期趋于上升这样的趋势所表示的，这种运动趋势与 n 和 r 的变化无关，它们分别代表着"实际"余额的减少和增加（即人们手中或银行里的以购买力来衡量的余额）。所以，我们可以把这种现象称为实际余额的通缩和通胀。

如果我们在货币数量论的代数方程中设法填入实际的数值，一般来说就可以把"货币数量论"方程，尤其是实际余额的通缩和通胀现象解释得比较清楚。下面这个例子是我们虚构出来的，其目的只是为了说明这一思想，并不是给出统计上的精确事实。1920年10月左右是近期繁荣时期的结束阶段，而1922年10月则是接近萧条时期经济探底的时候。在这个时期，价格水平（把1922年10月取值为100）、现金流通量（纸币流通量加上在英格兰银行的私人存款）[1]以及英国的银行存款的数值，大体如下（见表1）：

表1

	价格水平	现金流通量 （百万英镑）	银行存款 （百万英镑）
1920年10月	150	585	2 000
1922年10月	100	504	1 700

r 值在两个时期差别很大，相差约12个百分点。因此，这两个时期我们的方程运行结果如下：[2]

1920年10月 $n=585$　$p=1.5$　$k=230$　$k'=1\,333$

1922年10月 $n=504$　$p=1$　$k=300$　$k'=1\,700$

这样一来，在萧条时期，k 就从230提高到了300，k' 则从1 333提高到了1 700，这意味着在前一个时期，公众持有的现金在价值上是后一

---

[1] 如果在这里就我为什么在英国的情况下采取这样一种关于"现金"的定义做追问，可能会造成对这里所讨论的问题的偏离，为避免在这里离题太远，我将在本书下文第五章对此再深入探讨。

[2] 因为 $585=1.5\times(230+1\,333\times0.12)$，$504=1\times(300+1\,700\times0.12)$。

个时期的 23/30，它们的银行余额是后一个时期的 $\frac{1\,333}{1\,700}$。因此，我们可以看到，在两个时期之间，k 和 k' 的升幅要高于"现金"通缩所带来的价格的跌幅。如果 k 和 k' 下降到 1920 年的数值，那么，在现金量以及银行的储备政策都不变化的条件下，价格将会提升 30%。这样来看，即便是在英国，k 和 k' 的波动也会对价格水平产生决定性的影响；更不要说我们在前文所看到的俄罗斯和中欧国家近来的情况下它们的变化是何等的骇人了。

这一讨论带给我们的启示就是，价格水平并不神秘，它是受着若干明确的、可以分析的作用力所控制的，这一点希望读者能够在阅读到本书第四章和第五章之前在心中留个印象。在这些作用力中，n 和 r 是其中的两个，它们直接（或者说应该）受到中央银行的控制。第三个作用力，即 k 和 k'，则不是直接可控的，而是取决于民众和工商界的情绪。我们不仅要在长期把价格稳定下来，而且为了避免周期性的波动，稳定价格就部分地在于对 k 和 k' 施以稳定性的影响，如果无法实现 k 和 k' 的稳定，或者这样做并不现实时，我们还可以通过刻意变化 n 和 r 来抵消 k 和 k' 的变动趋势，**重新恢复平衡**。

稳定 k 和 k' 的常用办法是调节银行利率。k' 的上升趋势可能多少可以由银行利率的下降予以抵消，这是因为，银行更容易把钱借出去，从而使得持有现金以备不时之需的好处减少。廉价的货币也会拉低 k' 的升幅，因为通过鼓励人们从银行借钱，可以阻止 r 提高，甚或使 r 下降。不过，银行利率本身是否总是一项充分有力的工具，尚且不得而知；而且，如果我们打算取得价格水平的稳定，我们就必须随时准备改变 n 和 r 的值。

我们的分析表明，中央银行和货币当局的首要职责是要确保 n 和

r 完全处在掌控之下。例如,只要我们关注通胀税,n 就会受到货币目标之外的因素影响,因此就不可能完全受控;此外,在另外一个极端情况下,即在金本位制度下,n 并不总是在掌握之中的,因为它取决于那些不受管控的力量,这些力量决定了全世界的黄金供求。再者,如果没有中央银行体系,r 也不会被我们很好地掌控,因为它是由众多不同的银行互不协调的决策所决定的。

在英国,目前 r 是完全可以被控制的,只要我们一方面限制通胀财政,另一方面不要回归不受规管的金本位制度,n 也完全可以被控制。[1] 因此,货币当局的第二个职责很值得讨论,那就是**运用**对 n 和 r 的控制来抵消 k 和 k' 的变化。哪怕 k 和 k' 完全不受相关政策的影响——事实上并非如此,通过适当地对 n 和 r 的值进行修正,也可以使 p 保持较为合理的稳定。

对稳健货币政策的旧式的拥护者来说,他们对于保持 n 和 r 的稳定强调得过多了,在他们看来,好像这一政策本身就会产生正确的结果。事实远不是这样的,当 k 和 k' 不稳定时,n 和 r 的稳定必然会带来价格水平的波动。这种周期性的波动主要不是以 n 或 r 上的变化,而是以 k 和 k' 的变化为其特征的。由此可知,只要我们打算刻意地增大或减小 n 和 r,一旦 k 和 k' 的值表现出趋势性特征时,这些周期性波动的现象就得到了解决。不过,这里我正在引导大家进入一个超出我的直接目的之外的一个更大的主题,而这个主题正是本书第五章所关注的问题。虽然到第五章我们还会来深入讨论,在这里,还是有一些提示留给我们的读者:经过对本章伊始所提到的简单货币数量方

---

[1] 美国的情况与此差不多相同,只要联邦储备委员会准备以约束多余的黄金为代价来应对的话,结果是一样的。

程的含义之理解，我们也许可以取得更多对事情本质的认识。

II. 购买力平价理论

货币数量论对国家货币一定量的购买力或商品价值进行了处理。现在，我们来看**两个**不同国家货币的**相对**价值，也就是说，我们来关注一下汇率理论。

当全世界的通货基本上都以黄金作为基础货币时，它们的相对价值（即汇价）取决于每个国家所拥有的贵金属——黄金的数量，其间的差别不过是微不足道的将这种贵金属从一地运送到另一地的运输成本而已。

一旦这一共同的度量尺度不再有效，而代之以众多独立的不可兑换纸币体系时，又是什么样的基本事实决定了彼此不同货币交换单位的比率呢？

对此的解释可以在向前追溯到李嘉图、卡塞尔教授[1]为之命名的"购买力平价"理论中找到，这一理论公众近来颇为熟悉。[2]

我们用最简单的形式将这一理论表达如下：（1）不可兑换货币在其本国的购买力，即该货币的**国内**购买力，取决于该国政府的货币政策和人们使用货币的习惯，这一点与上文刚刚提到的货币数量论一

1　即古斯塔夫·卡塞尔（Gustav Cassel, 1866—1945），瑞典经济学家。曾在乌普萨拉（Uppsala）大学、斯德哥尔摩大学学习，并于 1904—1933 年在斯德哥尔摩大学任经济学教授。在理论研究中，摒弃英国和奥地利经济学家的边际效用价值说。他多次出席国际间的经济会议，由于 1920 年在布鲁塞尔会议中解决世界货币问题及 1921 年在国际联盟财政委员会工作中成绩卓著，赢得了国际盛誉。——译者注

2　这个术语是卡塞尔教授在其发表于《经济学刊》（1918 年 12 月号）上的一篇文章中首次引入到经济学文献里来的。对于卡塞尔教授在这整个问题上的那些值得思考的观点，请参看他的《1914 年之后的货币和汇率》（*Money and Foreign Exchange After 1914*）一书。这个理论基本上是李嘉图的，只是名称不同而已。

致。(2) 不可兑换货币在外国的购买力，即该货币的**国外购买力**，一定是本国货币与外国货币的交换比率，乘以外国货币在其本国的购买力。(3) 在均衡条件下，只要将需要支付的交通运输费用或出口关税忽略不计，则货币的国内和国外购买力必然相同；因为否则的话就会有利用这一不等而从中取利的贸易活动发生。(4) 因此，从 (1)、(2) 和 (3) 中可以推知，在均衡条件下，本国货币和外国货币的交换比率必然趋向于与本国货币在国内的购买力和外国货币在外国的购买力之间的比率相等。两国国内的购买力之间的比率，即被称为"购买力平价"。

因此，如果我们发现本国货币的国内和国外购买力差别较大，即实际汇率与购买力平价差别较大，那么，我们就可以断定，均衡没有实现，随着时间的推移，各种力量汇聚起来，会使实际汇率和购买力平价越来越接近。实际汇率经常比购买力平价还要敏感和易于波动，这都是因为投机因素、资金的突然变动、季节性影响以及对即将到来的购买力平价的变化（起因是相对通胀或通缩）之**预期**而造成的；虽然在其他情况下，它们可能也会滞后于购买力平价的变动。不过，根据此一学说，与原来的黄金平价相对应的，仍然是购买力平价。这个点，乃是汇率波动所围绕的核心，而且在这个点上，汇率最终也必然会趋近于它；其中有一个实质性的区别，也即，它自身并不是一个固定的点——这是因为，如果两个国家内各自的国内价格对比来看运行的趋势有异，则购买力平价也会变化，从而均衡不仅可以借由市场汇率的变化，也可以借由购买力平价自身的变化而得以恢复。

乍看起来，这一理论似乎具有非常高的实际应用价值；而且，很多人努力地从那些显示着市场汇率和购买力平价之间差别的图表中，得出有关汇率未来变化的具有重要现实操作意义的结论。而至于现有对均衡的偏离是否会被汇率或者购买力，抑或二者兼而有之的变化予以补救，对于这样的复杂情况，他们竟然置若罔闻。

然而，在对这一理论进行实际运用时，还存在着两个更深一层的困难，而截至目前，我们一直没有对之予以关注，这两个困难均来自下面这句话：**扣除交通运输费用或出口关税**。第一个困难就是如何扣除交通运输费用和关税，第二个困难则是如何处理那些**压根儿就没有进入到国际贸易中的商品和劳务的购买力问题**。

以该理论一般所应用的那种形式来观之，它试图通过假设在某一标准时期——该时期可以近似地认为均衡已经存在，一般设定为1913年——国内和国外购买力的百分比差异，对于当前时期同样的扰动因素可以视为做了一番基本令人满意的修正，而处理这一困难。举个例子，我们不去直接计算标准的一揽子商品分别在国内和国外的成本是多少，而是这样得到计算结果，要在美国购买这一揽子商品需要2美元，而在1913年这些商品只需1美元就可以买到，在英国购买这一揽子商品需要2.43英镑，而在1913年这些商品只需1英镑就可以买到。在这一基础上（战前购买力平价假设以4.86美元＝1英镑的均衡水平来表示），那么，美元和英镑在当下的购买力平价即为4美元＝1英镑，因为 $4.86 \times 2 \div 2.43 = 4$。

对于这一校正方法有一个明显的异议，那就是交通运输和关税成本，尤其是在该项成本包含所有的出口和进口限制，其中包括在出口价格和国内价格之间保持差异的禁令以及官方或半官方的规定，那么，它在很多情况下就会与1913年的情形截然不同。如果不取1913年的其他某个年份来作为计算的基年，我们应该得不到同样的结果。

第二个困难——即对于那些根本就不会进入国际贸易的商品项目的购买力的处理——仍然非常棘手。这是因为，如果我们将自己局限在那些进入到国际贸易的商品项目上，并对交通运输和关税成本做正确的扣除的话，那么，我们应该会发现这一理论与事实总是契合的，可能只是出现短期的时间滞后而已，购买力平价绝不会与市场汇率相差较远。的确，从跨国商人的整个贸易来看，事实也是如此；因为无论什么时候汇率暂时地如何偏离平价，跨国商人总可以通过转运商品而获利。纽约、利物浦、勒阿弗尔、汉堡、日内瓦和布拉格的棉花价格，分别用美元、英镑、法郎、马克、里拉和克朗来表示，从任何一个较长的时间段来看，根据市场上实际的汇率来计算，只要将相应的关税成本和将棉花从一个中心运送到另外一个中心的费用进行扣除，它们彼此并不会相差很大；对于其他那些国际贸易的商品项目来说，尽管我们转向那些尚未制定标准或尚未在有组织的市场上进行处理的商品项目，所造成的时间上的滞后会有所延长，但是，情况也并不例外。事实上，这样一番阐述下的这一理论，是不言而喻的，而且可以说是空泛乏味之极。

因此，出于这一原因，对这一理论的现实应用并未受到限制。所择取的标准一揽子商品并不限于那些在两国之间出口或进口的商品种类，一般来说，它们与用来编制总购买力指数或劳动者阶层生活成本指数的那些商品并无二致。然而，以这种方式来应用该理论，也即，将两国国内价格的**总体**指数的变化与两种货币间汇率的变化进行对比——该理论就需要就其有效性做出进一步的假设，这种有效性体现在，长期来看，那些无法进入国际贸易的商品和劳务的国内价格，与那些进入到国际贸易中的商品和劳务的国内价格，以差不多相同的比例在变化。[1]

这一点非但不是不言而喻的,而且它也不是正确的,或者说与现实并非完全符合的;我们只能说,根据现实情况来看,它是有正确的成分的。如果资本和劳动可以自由地在国内和出口行业之间大规模流动,而不会造成相对效率的损失,如果与他国的"交换方程"(参看下文)中没有什么变化,而且价格的波动完全是由货币的因素造成,并且不会对两国的其他经济关系带来变化,那么,这一进一步的假设可能大体上是站得住脚的。不过,情况也非总是如此。诸如战争这类巨大的灾难,对战胜国和战败国会带来不同的影响,可能会形成新的均衡情况。例如,这场战争对于德国进口和出口的相对交换价值,或者对于德国那些能够进入或不能够进入到国际贸易中去的商品和劳务的相对交换价值,可能会带来长期的影响,这个时期限度至少会延续到赔款支付的完结。又或者,相对于欧洲,由于战争的原因,美国金融地位的加强可能会使得原有的均衡向有利于美方的方向移动。在这类情况下,再假设购买力平价系数如其一般所计算的那样,根据战前总体购买力指数的相对变动来进行计算,最终必定与实际汇率接近,或者国内购买力与国外购买力最终必定彼此会恢复到一如1913年一样,就不正确了。

联邦储备委员会所计算的美国指数表明,自1913年以来,进口商品、出口商品和一般商品的相对价格变化之影响,是何其令人感到恐慌(表2)。

---

[1] "我们对购买力平价的计算结果严格建立在这一附加条件之上:在这些国家,价格的提高会以相同的程度影响所有的商品。如果这一附加条件不能得到满足,那么,实际汇率可能就会与所计算出来的购买力平价有所偏离。"(卡塞尔,《1914年以后的货币与汇率》,第154页。)

表2

	进口商品	出口商品	所有商品
1913年	100	100	100
1922年7月	128	165	165
1923年4月	156	186	169
1923年7月	141	170	159

因此，该理论没有提供一种对"实际"汇率的简单或者较为容易操作的衡量指标。在其仅局限在对外贸易商品上时，它不过就是一套不言而喻的理论。在其解除了这一局限之后，购买力平价的概念是更加有意思了，但是却不再是对汇率变化过程的一个精确的预测指标了。因此，如果我们通过比较一国货币在国内和国外的一般的购买力，而遵循将购买力平价固定下来的一贯做法，那么，我们必不能由此推出实际汇率应该代表购买力平价，或者说，在这两者复归于相等之前，它只不过是个时间的问题，一切可以慢慢调节。如此定义的购买力平价告诉了我们一个关于（比如）英国与美国或英国与德国之间在1913年到1923年之间货币购买力相对变化上的重要事实，但是它并没有就1922年英镑和马克之间的均衡汇率应当为多少给出一个确切的答案。

即便如此定义的"购买力平价"并不总是汇率的一个精准的预测指标，也同样值得关注。我们要求的限制条件所具有的现实重要性，必不能被夸大。如果购买力波动显著地与汇率波动有异，这就表示两类商品的相对价格上存在实际的变化，或者即将出现变化，这两类商品分别是指进入和不能进入国际贸易的商品种类。现在，在这两类商品价格的运动变化上，必定存在着一种在长期里彼此影响的趋势。对于它们价值的相对评价，导源于深层的经济和心理原因，这些原因不会轻易受到破坏。因此，如果主要是由于货币原因（例如由于这两国不同的通胀或通缩程度造成）而导致对之前均衡的偏离，那么，正如通常的情况那样，我们就可以合理地预期购买力平价和汇率不久之后会重新趋于一致。

当这种情况发生时，一般来说，我们是没有办法确定汇率到底是向购买力平价靠拢，还是朝其他方向变化。有时就像近期的欧洲一样，对即将到来的相对价格变化更为敏感而首先变动的，乃是汇率；而在其他情况下，汇率可能直到国内和国外价格之间关系的变化既成事实之后才会变化。但是，如果我们把购买力平价理论看作对汇率的一种解释，那么，我认为，其本质可以在它将国内购买力视为长期中关于货币价值比市场汇率更可靠的指标中发现，这是因为，国内购买力可以快速反映该国的货币政策，而这才是最终的决定因素。如果市场汇率下跌，其跌幅超过了该国现行的，或者即将推行的货币政策通过其对该国货币的国内购买力的影响而确定的合理范围，那么，汇率必定迟早会恢复。因此，只要两国基本经济关系不发生持续的变化，而且货币的国内购买力在每个国家都停在了与当局的货币政策相关的均衡上，那么，两国之间的货币的交换比率长期中也必然会相应地停在它们的相对国内购买力上。在这些假设条件下，作为汇率的短期波动趋势所围绕的水平，相对国内购买力并没有取代旧有的黄金平价。

另一方面，如果这些假设条件没有被满足，而且在经济学家所谓的一国产品和劳务与另一国的产品和劳务的"交换方程"中还发生了变化，这种变化或者是由于资本流动，或者是由于赔款体制，或者是由于劳动力的相对效率的变化，或者是由于世界对该国的某些特殊商品产生了突然的变化，等等之类的原因所致，那么，购买力平价和汇率之间的这种均衡点可能会被永久改变。

有关于此,我们用一个例子可能可以说得更清楚一些。假设有两个国家,一个是西罗帕(Westropa),一个是赫斯帕里得斯(Hesperides)合众国,为了简化,也为了可以和事实相对应,我们假设在这两个国家,出口商品价格变化的方式与其他本国生产的商品的价格变化方式相同,而"交换方程"在朝着有利于赫斯帕里得斯的方向变化,以至于赫斯帕里得斯的商品在交换一定数量的西罗帕的商品时,较之以前所需数量更少。由此可知,西罗帕进口商品的价格会提高,其幅度要比一般商品的价格提高得更大,而在赫斯帕里得斯,进口商品的价格提高的幅度会比一般商品的价格提高得要小一些。我们假设在1913年到1923年这一期间,西罗帕的价格指数从100升到155,赫斯帕里得斯的价格指数从100升至160;之所以这样设定价格指数,是为了说明进口商品占各国总商品的20%,本国生产的商品则占18%;"交换方程"有利于赫斯帕里得斯10个百分点,这就是说,赫斯帕里得斯出口的一定数量的商品,较之于以前,可以多买西罗帕出口的商品的10%。那么,我们可以将这整个情况表示如下:[1]

西罗帕:

  进口商品的物价指数　　　　(x) 167

  本国生产商品的物价指数　　(y) 152

  所有商品的物价指数　　　　　155

赫斯帕里得斯:

1　其中 $10x = 11y$, $11x' = 10y'$

  $8y + 2x = 1\,550$, $8y' + 2x' = 1\,600$。

进口商品的物价指数	(x') 148
本国生产商品的物价指数	(y') 163
所有商品的物价指数	160

因此，从这里我们可以看出，在1923年，西罗帕货币的购买力平价与1913年相比是 $\left(\frac{160}{155}=\right)103$；而与1913年的平价相比，汇率为 $\left(\frac{163}{167}=\frac{148}{152}=\right)97$。如果西罗帕与赫斯帕里得斯的交易方程永久性地恶化下去，那么，其购买力平价（以1913年为基年）也将会永远保持在市场汇率的均衡值以上。

因此，一国货币价值的这两种指标，存在着彼此相异的变化趋势，这是非常有意思的一个特征。如果市场汇率持续低于购买力平价，这使得其他任何的解释都行不通，我们就有某种质疑与基年相比"交易方程"恶化的理由。

下面的图表给出的，是运用这一理论到1919年以来英镑、法郎和里拉的交换价值上去所得到的实际结果，其中的度量单位都是以美元来计的（图1—图3，表3—表5）。这些图表显示，从数量上来说，损害到购买力平价理论精确性的那些影响，在这里与严格按照该理论所发挥的作用相比，总体上已经是比较小的了。自1913年以来，"交易方程"当中似乎存在着某种扰动——如果这些调查中所主要用来构建价格指数的商品种类，并非都是进入国际贸易的那些话，这种表现还可能会更加明显。尽管如此，因通胀或通缩所引起的总体价格水平的变化，对于所有商品的影响差不多还是相等的，这种变化在其所带来的影响中是如此突出，以至于该理论可以在非常准确的程度上切实地得以运用。不过，像德国这类国家的情况，对均衡的冲击在很多方面都非常之剧烈,以1913年为基年的购买力平价与实际汇率之间的一致性,在短期和长期内都受到了极大的干扰。

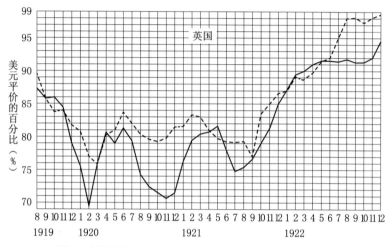

图1　根据美元计算的英镑的价值

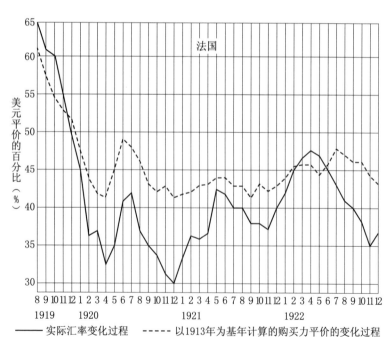

图2　根据美元计算的法郎的价值

图 3　根据美元计算的里拉的价值

图 1 描述的是根据美元计算的英镑的价值,它表明在把 1913 年作为基年计算而来的购买力平价,经常高于实际汇率,但是始终有一种趋势,二者在趋于一致。在 1919 年 9—11 月、1920 年 3—4 月、1921 年 4 月、1921 年 9 月、1922 年 1—6 月以及 1923 年 2—6 月,两条曲线彼此相会,这显然告诉我们,购买力平价和汇率之间存在着明显一致的趋势。以此进行归纳,我们可以尝试着从图 1 中得到如下结论:自 1913 年开始,战争所造成的财政后果使得英镑对美元的购买力均衡水平降低了 1 到 1.5 个百分点,如果不是因为我们选择的是这样一对指数,而不是从其他可以取得的指数中再行挑选,这个数字不会只是勉强多出误差范围一点点儿。[1] 正如刚才所提到的那样,让我们看看对美

---

[1] 虽然是这样,如果我用贸易委员会或《统计学家》指数取代《经济学人》指数,对于英国该"交易方程"只是稍有恶化的推想,将会得到进一步的证实。

国国债所做的利息支付会产生什么样的影响,将非常有意义。

图 1 与法国和意大利的那两张一样,清楚地向我们展示了汇率对于季节影响是多么的敏感,而购买力平价自然会比它更少一些影响。

就法国的情况而言,两条曲线在 1919 年底重合,1920 年又分开,1921 年中再度重合,这种状态一直维持到 1922 年晚些时候它们再度分开。

而对于意大利,情况则可能确实出乎意料,尽管这里与法国和英国的情况一样,它们的关系表现出异乎寻常地稳定,但是,还是有迹象显示,战争可能还是导致均衡点有轻微的下移,(约莫)下移了 10 个百分点;[1] 以 1913 年为基年计算的购买力平价,几乎总是稍高于实际汇率。当由于货币通胀而带来的进一步的贬值发挥着主要的作用时,意大利的曲线就以一种非常引人注目的方式向我们呈现了货币的国外购买力和国内购买力共同下降的模式。

表 3 英国和美国

1913 年平价的百分比	价格指数		购买力平价***	实际汇率(月平均)
	英国*	美国**		
1919 年 8 月	242	216	89.3	87.6
9 月	245	210	85.7	85.8
10 月	252	211	83.7	85.9
11 月	259	217	83.8	84.3
12 月	273	223	81.7	78.4
1920 年 1 月	289	233	81.0	75.6
2 月	303	232	76.6	69.5

---

1 使用其他任何一种意大利价格指数,都表现出类似的迹象。表 3 给出的美国的价格向我们证实了这样一种联想:美国和世界其他国家之间的"交易方程"总体上以及朝着有利于前者的方向变化了差不多 10%。

(续表)

1913年平价的百分比	价格指数		购买力平价***	实际汇率（月平均）
	英国*	美国**		
3月	310	234	75.6	76.2
4月	306	245	80.1	80.6
5月	305	247	81.0	79.0
6月	291	243	83.5	81.1
7月	293	241	82.3	79.4
8月	288	231	80.2	74.2
9月	284	226	79.6	72.2
10月	266	211	79.3	71.4
11月	246	196	79.7	70.7
12月	220	179	81.4	71.4
1921年1月	209	170	81.4	76.7
2月	192	160	83.3	79.6
3月	189	155	82.0	80.3
4月	183	148	80.9	80.7
5月	182	145	79.7	81.5
6月	179	142	79.3	78.0
7月	178	141	79.2	74.8
8月	179	142	79.3	75.1
9月	183	141	77.0	76.5
10月	170	142	83.5	79.5
11月	166	141	84.9	81.5
12月	162	140	86.4	85.3
1922年1月	159	138	86.8	86.8
2月	158	141	89.1	89.6
3月	160	142	88.7	89.9
4月	159	143	89.9	90.7
5月	162	148	91.4	91.4
6月	163	150	92.0	91.5
7月	163	155	95.1	91.4
8月	158	155	98.1	91.7
9月	156	153	98.1	91.1

(续表)

1913年平价的百分比	价格指数		购买力平价***	实际汇率（月平均）
	英国*	美国**		
10月	158	154	97.4	91.2
11月	159	156	98.1	92.0
12月	158	156	98.7	94.6
1923年1月	160	156	97.5	95.7
2月	163	157	96.3	96.2
3月	163	159	97.5	96.5
4月	165	159	96.4	95.7
5月	164	156	95.1	95.0
6月	160	153	95.6	94.8

注：* 《经济学人》指数。
** 美国劳工局指数，本处经过修正处理。
*** 美国劳工局指数除以《经济学人》指数。

表4　法国和美国

1913年平价的百分比	购买力平价*	实际汇价	1913年平价的百分比	购买力平价*	实际汇价
1919年8月	62	66	1921年8月	43	40
9月	58	61	9月	41	38
10月	55	60	10月	43	38
11月	53	55	11月	42	37
12月	52	48	12月	43	40
1920年1月	48	44	1922年1月	44	42
2月	44	36	2月	46	45
3月	42	37	3月	46	47
4月	41	32	4月	46	48
5月	45	35	5月	44	47
6月	49	41	6月	46	45
7月	48	42	7月	48	43
8月	46	37	8月	47	41
9月	43	35	9月	46	40
10月	42	34	10月	46	38

(续表)

1913年平价的百分比	购买力平价*	实际汇价	1913年平价的百分比	购买力平价*	实际汇价
11月	43	31	11月	44	35
12月	41	30	12月	43	37
1921年1月	42	33	1923年1月	40	34
2月	42	37	2月	37	32
3月	43	36	3月	37	33
4月	43	37	4月	38	35
5月	44	43	5月	38	34
6月	44	42	6月	37	33
7月	43	40			

注：* 美国劳工局指数除以法国官方批发价格指数。

表5 意大利和美国

1913年平价的百分比	购买力平价*	实际汇价	1913年平价的百分比	购买力平价*	实际汇价
1919年8月	59	56	1921年8月	26	22
9月	56	53	9月	24	22
10月	54	51	10月	24	20
11月	50	44	11月	24	21
12月	49	40	12月	23	23
1920年1月	46	37	1922年1月	24	23
2月	42	29	2月	25	25
3月	38	28	3月	27	26
4月	36	23	4月	27	28
5月	38	27	5月	28	27
6月	40	31	6月	28	26
7月	39	30	7月	28	24
8月	37	25	8月	27	23
9月	34	23	9月	26	22
10月	32	20	10月	26	22

(续表)

1913年平价的百分比	购买力平价*	实际汇价	1913年平价的百分比	购买力平价*	实际汇价
11月	30	19	11月	26	23
12月	28	18	12月	27	26
1921年1月	26	18	1923年1月	27	26
2月	26	19	2月	27	25
3月	26	20	3月	27	25
4月	25	24	4月	27	26
5月	27	27	5月	27	25
6月	28	26	6月	26	24
7月	27	24			

注：* 美国劳工局指数除以意大利"Bachi"指数。

这些曲线和表格更为广泛的作用在于，它们给出了切实的归纳证据，支持上文所述的那种一般性的理论，甚至在停战以来一直存在的那些反常条件下，也未尝有异。在这一时期，由于货币通胀在法国和意大利这两个国家所引发的相对价格水平的变化，已经大大超过了"交易方程"中的变动（在交易方程中，超过10%或20%的变化已经相当惊人），交易方程中的这类变动，体现在汇率受这两个国家与其他国家国内价格政策相关联的本国国内价格政策的影响，远远超过其他因素所带来的影响；结果，就使得即便购买力平价理论在形式上尚且有些粗陋，它也仍然可以解释得过去。

III. 季节波动

因此，购买力平价理论告诉我们，由于受到"交易方程"中的变量变化的调节，两国货币汇率的变动，相应地会非常紧密地趋向于这两个国家各自以其本国货币表示的国内价格水平上的变动。由此可知,那种意在使本国的国内价格水平相对低于其他国家的国内价格水平的金融政策,可以改变汇率,使其朝着有利于本国的方向发展。另一方面,对于提高国内价格水平有其作用的金融政策,迟早必然会带来汇率的下跌。

一般来说,我们可以由此得到这样的结论,逐步地采取货币通胀手段而弥补预算赤字,无法使一国汇率趋于稳定;而终止由此一手段引发的货币数量的增加,是使该国货币趋于稳定必要的先决条件。根据上文所述的内容,我们确实可以得到这样的结果。

然而,此一论点还经常被进一步地向前推进,而认为如果一个国家的预算、货币、对外贸易,以及国内和国外价格水平都能得到恰当的调整,那么,其汇率会自动趋于稳定。[1]因此,只要汇率波动——这样这个论点就行得通了——这本身就是一个征兆,说明此时试图稳定汇率尚且不到时机。另一方面,一旦使其稳定所需的基本条件皆已足备,汇率自己就会稳定下来。总而言之,任何刻意或者人为地使汇率趋于稳定的计划,都会在错误的方向上对这个目标的实现造成危害。通过稳健的预算和银行利率政策,而对货币进行管理,值得引起我们的关注。这一过程最后也是最高的阶段,就是宣告货币可以兑换,这就近乎是在把既成的事实公之于众。

这种推理模式确有几分道理。但是,它在一个重要的方面出现了错误。

---

[1] R.艾斯特考特博士(Dr R.Estcourt)对我发表在1922年6月份的《分析家》杂志的一篇文章进行了批评,他这样写道:"除非政府采取必要措施来平衡其预算,并以此作为基础,否则的话,这种安排不会在任何相当长的时期内得以延续。如果政府确实实现了其预算平衡,那么,所谓的稳定政策很快就变得没有必要;汇率会稳定在战前的水平上。"这段话清楚地反映了一种广泛地为大家所持有的观点。

即便对外贸易可以得到恰当的调节，即便对外账户上的权益和负债在一整年之内确实实现了平衡，但我们也不能由此得出它们每天都会平衡的结论。的确，众所周知，如果进口大量农产品的国家只是打算确保它们所需的质量和数量，那么，它们是不会觉得在全年当中在一个同样的汇率水平下会有什么不便，但是，它们会更喜欢集中在秋季进行采购。[1]因此，由于和全年的均衡非常一致，工业国家会选择在下半年欠下农业国家的钱，而在上半年来还。要满足这种对信贷的季节性要求，同时尽可能地不对贸易造成扰动，在大战之前，这被视为国际银行业务的一项重要功能，而且短期信贷从一个中心季节性地转移到另外一个中心，这项任务也要适度，不能过于繁重。

要想以低廉的代价来完成这项任务，并不是不可能，因为可兑换性带来了确定性，这就使得为这项任务所需付出的代价不需要包括为抵御风险而预留可观的资金储备。那些暂时成了债务国的国家，其贴现率稍微提高，再加上黄金的贴息内汇率的轻微变化所带来的一点汇

---

[1] 虽然季节性压力的事实已经很是明了，但是要想对之进行切实的分析还是稍有些复杂的。例如，每年三季度和四季度运到英国的食物，要比一季度和二季度高出近10个百分点，在四季度达到峰值。（这里以及下面的数字都是建立在剑桥大学和伦敦经济事务部所得出的1901—1913年这一战前时期的平均值之上的。）原材料进口第四季度和第一季度要比第二季度和第三季度高出20%，在11月份到第二年1月份这三个月里达到最高峰。因此，每年第四季度在食品和原材料两个方面进口都是很大的。另一方面，工业制造品出口在一年当中分布原则为平均，在最后一个季度维持在正常情况上。一般来说，进口产品到来之前即需对其进行支付，考虑到这一事实，这些日期与美元对英镑的汇率所实际带来季节性压力的日期，对应得非常紧密。在法国，自战争以来，每年最后一个季度的进口似乎要比（例如）第一季度高出50%。在意大利，第三季度似乎是进口最少的，而最后一个季度再次成了进口相对比较高的时期。当回过来看美国的统计数字时，我们会发现另外一番景象。8月和9月是小麦出口比较大的月份；10月到第二年的1月则是棉花出口比较大的月份。在秋季的前面阶段，正是美国农作物运输繁忙之际，这导致资金从国外的金融中心撤到纽约来，由此带来的财务压力进一步使得美元汇率走强。

率上的利润，就已经足够了。

但是，目前的局势又是怎样的呢？一直以来，收支平衡必然在每一天都要实现。和以前一样，贸易余额在全年之内却并非平均分布的。在以前，每一天的收支平衡是由银行家们的资金变化所调节，这一点前面我们已经述及。但是现在它不再纯粹是银行家的事务了，套汇的利润也可以对之适当地，乃至充分地予以调整。如果一位银行家一时将信用从一个国家转移到另外一个国家，对于之后他将之赎回时汇率水平如何，他是无法确定的。即便对于汇率的可能变化他或许有着强烈的信念，但是，他的利润在事前也不再是可以确定地计算得到的，而这一点过去却不是这样。从经验中，他已经认识到，汇率那不可预知的变化可能会让他蒙受严重的损失；而他的利润前景也必然会和他所甘冒的风险相称。即使通过保险精算，这一风险可以由利润前景所弥补，银行家也不会大规模地去冒这类风险。事实上，对信用要求进行季节性调整，已经终止了银行的套汇业务，而要求开展投机金融服务。

因此，在当前条件下，在每天的账户可以得到平衡之前，纵使每年的账户也满足支付均衡，汇率的大范围波动或许仍然不可避免。过去，银行家很轻易地就可以将数以百万计的款项从纽约汇进汇出，现在再这样做，这些最大的机构则要冒着损失数以十万计的风险。到了投机金融家充分预感到巨大的利润将会出现，商人对报给他的交易汇率大惊失色，从而放弃在该年度特定的季节里进行购买所带来的便利，将其购入的计划予以推迟之时，汇率必然会下跌（或上扬，这要看具体的情况）。

职业汇率投机家提供的服务，一向为官方和银行业所不喜，这些服务一般来说都在短期的供给方面，因此不得不对他们支付较高的价格，继续在一年中最为便利的时节购入物资的贸易，就会因为相应的高昂支出而受到妨害。

在过去三年中，给贸易造成困扰的汇率波动在多大程度上可以归为季节因素，因此，也可以这么说，这种波动在多大程度上不是由于持续的或不断加剧的非均衡造成，而只是因为不具备固定的汇率所致，我认为，我们对之尚且没有充分地予以理解。

由于战时生效的协约国内部协议不再有效，在 1919 年，各主要欧洲货币的汇率出现了剧烈的下跌。1922 年，英镑汇率有所上扬，但和季节影响无关。1923 年，由于法国国内财政和对外政策一贯的表现，法郎汇率出现了更深程度的崩盘，这也不是季节因素使然。表 6 表明，自 1919 年秋季以来的四年间，这种周期性的波动是多么巨大：

表 6　美元平价的表现

8月至次年7月	英镑		法郎		里拉	
	最低值	最高值	最低值	最高值	最低值	最高值
1919—1920	69	88	31	66	22	56
1920—1921	69	82	30	45	18	29
1921—1922	73	92	37	48	20	28
1922—1923	90	97	29	41	20	27

根据过去三年的经验，法郎和里拉在 4 月、5 月两个月表现最好，在 10—11 月份表现最差。英镑在其变化上倒不是那么有规律，一年中最好的时间点处在 3—6 月之间的某处，而最差的时间点位于 8—11 月之间。

每一年中最高和最低的行情，倒基本上都还算稳定，意大利的情况尤其如此，这倒是让人感到有些意外，同时也表明，将汇率稳定在某个平均值上的政策可能还是比较可行的；而另一方面，最高值和最低值之间距离较大，也说明了使贸易受到妨害的那些代价和阻碍到底有多么巨大。

这些表现与季节性贸易的事实非常接近，以至于我们可以放心地把大部分的汇率的逐月波动归结到贸易汇款的实际压力上去，而不是将之归因于投机使然。的确，投机者对汇率变化的预期，比他们没有预期到的情况，会使这些变化稍早一点发生，但是，这样一来，他们也会把这种压力更为平均地分摊到整年中去，他们的行为所带来的影响是会使波动的绝对幅度有所减小的。出于政治上的刺激和情感上的考虑，一般舆论大大高估了投机者行为对汇率变化的影响。除去一些较短的时期之外，投机者的影响均被清除出去了；而政治事件仅能在改变国内价格水平、贸易规模或一国在国外市场借贷的能力这一范围内对汇率产生持续的影响。政治事件并不能从实质上影响到这些事实，只是通过对情绪的影响而对汇率产生持续的作用，并不现实。对于这种表述，唯一一个重要的例外情况就是像德国马克那样的情况，外国人对一国货币做出大规模、长期的投机性投资。但是，这类投资与向国外借贷并无分别，与投机性交易所带来的那种影响全然不同，后者在短时期内再次被关闭的紧张局面总是存在的。而且，由于对货币所做的投机性投资迟早都会减少，所以，即便是这类投资也不可能永远地阻止汇率到达由贸易和相对价格水平所要求的均衡。

由此可以知道，尽管纯粹的季节性波动并不会干扰那些决定最终汇率均衡的力量，但是，汇率的逐日稳定也仍然无法仅由这些潜在条件上的稳定事实而得以维持。对于这样的汇率稳定，银行家应该有着充分确定的预期，以诱使他们看顾好市场的日常性和季节性的波动，以此换取适度的佣金,如此也是必然之事。

经历了最近的事件之后,即便潜在的事实同样证明这样的预期是合理的,有着充分的理由去按照这样的预期行事,除非它可以得到由中央权威(银行或政府)给出的保证,利用它们一切的资源将汇率水平维持在指定的数值之上,否则的话,银行家们仍然不可能切实怀有这样的预期。目前,官方所宣布的政策是要把(比如)法郎和里拉拉回到平价上去,因此,那些支持这些货币下跌的操作并没有完全摆脱危险。另一方面,要使这一政策发生效力,并没有什么措施好想,而且法国和意大利国内财政的情况也显示出其汇率状况可能会极为不佳。如此一来,由于人们对它们到底会处在一片大好还是更加糟糕的境况之下不可能有什么充分的信心,所以,在金融家纯粹出于自利的动机来对围绕那个不可预测的均衡点所产生的逐日或逐月波动进行平衡之前,大幅波动势必无可避免。

因此,如果这些国家的汇率不通过政策的出台而加以稳定,那么单凭它们自身是不可能达到均衡状态的。随着时间的流逝和经验的累积,波动幅度可能会比现在更小一些。投机者也许会更早一点进来,进口商也许会做出更大的努力将他们的要求尽可能地在全年内分摊得更加平均一些。但是,即便如此,在忙碌的季节和清闲的季节之间,汇率势必还是会有较大的差异,这种状况会一直持续到工商界确定自己知道他们所关心的汇率将停留在何种水平之上。所以说,汇率(包括英镑兑美元汇率)的季节性波动是不可避免之事,即便汇率的上升和下跌不存在某种确切的长期趋势,除非中央权威给出可兑换的保证,或者是采取其他特殊的措施来针对这种波动进行治理。

Ⅳ. 期汇市场[1]

当商人们用外国货币购买或出售商品时，交易并不能总是马上用现金或可流通票据解决。在中间的间隔期，他通过购买或出售（根据具体的情况）所关涉的外国货币来使自己的交易得以完成之前，需要冒汇率上的风险，或损失或得益，以今日之形势而论，这种风险甚至会遮蔽其贸易上的收益。因此，他是非常不愿意从事那类具有较高风险的活动的，只要不是其职责之内的事情，他绝不会去冒这样的风险。接下来所讨论的主题是金融体制的一个部分——也即与"现期"汇率截然不同的"远期"汇率市场——这个市场可以让商人能够规避这一风险，实际上，这并不是要规避他进行契约协商的那个时期上的风险，而是规避这种协商一结束就开始存在的风险。

"现期"汇率的交易要使用现金——也就是说，用一种通货下的现金去交换另外一种通货下的现金。但是那些根据外国货币来购买商品，以期在未来交割的商人们，可能直到该商品交割之时也没有取得所需的现金；而那些根据外国货币来出售商品的商人们，尚且还无法将汇票卖给买主，即便他们手头上有着宽裕的本国货币，他们也没有办法通过对相关的汇率的"现期"销售来保护自己，在他们有以外国货币形式的现金这种特殊的情况下，他们也无法将其储存起来。

一个"远期"合约是以将来某个日期上的汇率而缔结的"现期"交易，这一汇率乃是根据合约签订时的初始日期的汇率为基础的。在远期合同到期日到来时，并不需要交付现金（当然，缔约方可能需要

---

[1] 在本节，除非特别提及，本书均依照报刊原文 1922 年 4 月 20 日的"外汇汇率上的远期市场"。

给出保证或其他证据,来显示他是有能力按时履约的),因此,签订远期合约的商人,并不需要比他在商品交割前一直冒汇率风险的情况下更早地去筹备现金;但是,他却可以同时受到保护,免于汇率波动所带来的后果之影响。

下面我们给出的这些表格显示,在拥有庞大外汇(美元、法郎和里拉)市场的伦敦,交易商之间的竞争降低了提供这方面服务所需要的费用,收费不再昂贵。在1920年和1921年间,一位英国的外汇买主,远期交割的成本要比法郎、里拉和马克的现期交割稍微昂贵一些,但是比美元的现期交割要便宜一点。相应地,法国、意大利和德国的商人一般来说能够以比现期交割稍微低廉的价格购买远期交割的英镑和美元——也就是说,他们要是在伦敦交易的话,情况会是如此。至于国外其他的金融中心所收取的价格,我掌握的信息并不多,但是,即便是这些信息仍然可以让我们了解到一些情况,比如说米兰,对于这些交易其条款就相当不利,对于远期英镑的卖主来说会重重盘剥,比伦敦的情况是大大不如的。不过,在1922年,由于稍后会加以解释的那些原因,在伦敦货币不断贬值所带来的影响也使得英国那些买主在购买远期交割的国外货币时费用更加低廉,远期的法郎较之于现期法郎打的折扣是很可观的,远期的美元在这一年的年底无疑比现期的美元价格更低。之后,正如当时所预料的那样,1923年6月银行利率的调高,在相反的方向上再次发挥了作用。

我们接着来看详细的情况,自1920年开始的伦敦市场上通行的期汇行情,皆可以在下面看到(表7)。在1920年到1921年期间,对于一个伦敦的买主来说,美元期汇一般来说比美元的现汇要更加低廉,每年大约低1到1.5个百分点。不过,一旦汇率出现大的变化,美元期汇的贴现偶尔也会暂时地要更高一些，比如在 1920 年 11 月，当英镑在其最低点时，美元期汇就上升了近 6 个百分点——其原因我会在后文力图对之加以阐明。在 1922 年上半年，美元期汇的贴现开始变小，但是在下半年再次回升，1923 年年中，伦敦的货币利率稍有提高之后，情况又一次重演。因此，一名伦敦的商人，需要用到美元来购买商品时，不仅可以通过远期交易的方式来规避汇率风险，而且由于提前做了准备，所以平均而言也会使得他所面对的汇率更低一些。

表7　伦敦一月期期汇行情表*

日期	纽约			巴黎		
	现汇（美元）	一月期期汇（美分）	二者年百分比差异（%）	现汇（法郎）	一月期期汇（生丁）	二者年百分比差异（%）
1920 年						
1月	3.79	$+\frac{3}{8}$	+1.2	40.90	+6	+1.7
2月	$3.48\frac{7}{8}$	$+\frac{1}{4}$	+0.9	46.90	+4	+1.0
3月	$3.41\frac{3}{8}$	$+\frac{1}{4}$	+0.9	48.55	+3	+0.7
4月	$3.90\frac{3}{4}$	$+\frac{3}{8}$	+1.2	57.80	+3	+0.6
5月	$3.82\frac{7}{8}$	$+\frac{1}{2}$	+1.6	64.04	+1	+0.18
6月	$3.89\frac{15}{16}$	$+\frac{3}{8}$	+1.2	50.45	−5	−1.2
7月	$3.96\frac{1}{8}$	$+\frac{5}{8}$	+1.9	47.05	−10	−2.8
8月	3.67	$+\frac{1}{2}$	+1.6	49.00	−10	−2.4
9月	$3.56\frac{7}{8}$	$+\frac{1}{2}$	+1.7	$51.22\frac{1}{2}$	−5	−1.2
10月	$3.48\frac{5}{16}$	$+\frac{1}{2}$	+1.7	52.10	−10	−2.3
11月	$3.44\frac{3}{8}$	$+1\frac{5}{8}$	+5.7	54.45	−15	−3.3
12月	3.49	$+\frac{1}{2}$	+1.7	57.45	−15	−3.2

(续表)

日期	纽约			巴黎		
	现汇（美元）	一月期期汇（美分）	二者年百分比差异（%）	现汇（法郎）	一月期期汇（生丁）	二者年百分比差异（%）
1921年						
1月	$3.58\frac{3}{8}$	$+\frac{3}{8}$	+1.3	$61.07\frac{1}{2}$	−30	−5.9
2月	$3.84\frac{3}{4}$	+1	+3.1	54.50	−20	−4.4
3月	$3.88\frac{3}{8}$	$+\frac{7}{8}$	+2.7	54.40	−27	−5.9
4月	3.92	$+\frac{3}{8}$	+1.1	$55.37\frac{1}{2}$	−15	−3.3
5月	3.98	$+\frac{1}{2}$	+1.5	$50.22\frac{1}{2}$	−12	−2.9
6月	$3.90\frac{5}{8}$	$+\frac{3}{4}$	+2.3	46.35	−10	−2.6
7月	$3.71\frac{15}{16}$	$+\frac{5}{8}$	+2.0	$46.72\frac{1}{2}$	−10	−2.6
8月	$3.56\frac{3}{8}$	$+\frac{1}{2}$	+1.7	$46.77\frac{1}{2}$	+2	+0.5
9月	$3.71\frac{5}{8}$	$+\frac{3}{8}$	+1.2	$48.68\frac{1}{2}$	+3	+0.7
10月	$3.76\frac{1}{8}$	$+\frac{1}{2}$	+1.6	$52.27\frac{1}{2}$	+1	+0.2
11月	$3.92\frac{1}{16}$	$+\frac{7}{8}$	+2.7	53.44	+4	+0.9
12月	$4.08\frac{5}{16}$	$+\frac{3}{8}$	+1.1	54.24	+2	+0.4
1922年						
1月	$4.20\frac{1}{8}$	$+\frac{1}{8}$	+0.4	$52.32\frac{1}{2}$	—	…
2月	$4.30\frac{1}{2}$	—	…	$51.62\frac{1}{2}$	—	…
3月	4.42	—	…	48.45	—	…
4月	4.39	—	…	48.15	−1	−0.25
5月	$4.44\frac{1}{2}$	—	…	48.47	+1	+0.25
6月	$4.46\frac{3}{4}$	$+\frac{3}{16}$	+0.5	49.00	+2	+0.49

(续表)

日期	纽约			巴黎		
	现汇 (美元)	一月期期汇 (美分)	二者 年百分比 差异 (%)	现汇 (法郎)	一月期期汇 (生丁)	二者 年百分比 差异 (%)
7月	$1.44\frac{3}{4}$	$+\frac{1}{16}$	+0.17	56.20	+8	+1.8
8月	$4.45\frac{1}{4}$	$+\frac{3}{16}$	+0.5	54.10	+10	+2.21
9月	4.46	$+\frac{3}{8}$	+1	57.40	+3	+0.63
10月	4.42	$+\frac{1}{4}$	+0.68	58.25	+3	+0.62
11月	$4.46\frac{1}{2}$	$+\frac{5}{8}$	+1.68	64.65	+14	+2.59
12月	$4.51\frac{3}{4}$	+1	+2.65	64.30	+8	+1.49
1923年						
1月	$4.64\frac{3}{4}$	$+1\frac{1}{4}$	+3.23	66.40	+5	+0.9
2月	4.67	$+\frac{7}{8}$	+2.25	75.50	+16	+2.54
3月	$4.70\frac{5}{8}$	+1	+2.55	77.50	+11	+1.70
4月	$4.66\frac{7}{8}$	$+\frac{3}{4}$	+1.93	70.40	+5	+0.85
5月	$4.62\frac{1}{2}$	$+\frac{15}{16}$	+2.43	69.35	+5	+0.86
6月	$4.62\frac{3}{4}$	$+\frac{7}{8}$	+2.27	71.60	+5	+0.84
7月	$4.56\frac{1}{2}$	$+\frac{1}{2}$	+1.31	78.35	+4	+0.61
8月	4.57	$+\frac{1}{4}$	+0.66	79.20	+9	+0.60

注：* 1920年为每月第一天，1921年为每月第一个周三，之后各年为每月第一个周五。

从1920年年中到1921年年中，所购买的法郎期汇价格要比现期交易的价格每年高出2.5个百分点还要多，之后，其水平接近1921年年中到1922年年中的价格，而从那个时候开始，它们每年已经便宜了0.5到2.5个百分点了。这种情况表现在里拉上差距更大，远期期汇的价格水平常常比现期里拉的价格高出3%或更多。德国马克的情况是这样的,远期汇率在超过现期价格每年5%左右之后,从1922年秋天开始,马克彻底崩溃之后,其数字低得惊人,因此这也反映出在德国国内现行的短期贷款利率是多么耸人听闻了(表8)。

表8 伦敦一月期期汇行情表

日期	意大利			德 国		
	现汇(里拉)	一月期期汇(里拉)	二者年百分比差异(%)	现汇(马克)	一月期期汇(马克)	二者年百分比差异(%)
1920年*						
1月	50	$-\frac{1}{8}$	-3.0	187		
2月	55	$-\frac{1}{8}$	-2.7	305		
3月	$62\frac{3}{4}$	$-\frac{1}{4}$	-4.7	337		
4月	$80\frac{1}{2}$	$-\frac{1}{4}$	-3.7	275		
5月	83	$-\frac{1}{2}$	-7.1	$218\frac{1}{2}$	-1	-5.5
6月	$66\frac{3}{8}$	$-\frac{1}{2}$	-9.1	$150\frac{1}{2}$	-1	-8.0
7月	$65\frac{3}{8}$	$-\frac{1}{2}$	-9.2	150	$-\frac{1}{2}$	-4.0
8月	70	$-\frac{1}{2}$	-8.5	$160\frac{1}{2}$	-1	-7.5
9月	$76\frac{1}{4}$	$-\frac{1}{2}$	-7.9	176	$-\frac{1}{2}$	-3.4
10月	$83\frac{9}{16}$	$-\frac{1}{2}$	-7.2	215	-1	-5.6
11月	$93\frac{11}{16}$	$-\frac{1}{2}$	-6.4	$266\frac{1}{2}$	$-\frac{1}{2}$	-2.2
12月	$94\frac{13}{16}$	$-\frac{1}{2}$	-6.3	$241\frac{1}{2}$	-1	-4.9
1921年						
1月	$104\frac{3}{8}$	—	…	$269\frac{1}{2}$	-2	-8.9

(续表)

日期	意大利			德 国		
	现汇 （里拉）	一月期期汇 （里拉）	二者 年百分比 差异（%）	现汇 （马克）	一月期期汇 （马克）	二者 年百分比 差异（%）
2月	$105\frac{1}{2}$	$-\frac{3}{4}$	−8.5	$243\frac{1}{2}$	−1	−4.9
3月	$106\frac{1}{2}$	$-\frac{5}{8}$	−7.0	$243\frac{1}{2}$	−1	−4.9
4月	$92\frac{1}{4}$	$-\frac{1}{2}$	−6.5	$239\frac{1}{2}$	−2	−10.0
5月	$81\frac{3}{8}$	$-\frac{5}{8}$	−9.1	$262\frac{1}{2}$	$-1\frac{3}{4}$	−8.0
6月	$73\frac{11}{16}$	$-\frac{1}{2}$	−8.1	$245\frac{1}{4}$	$-1\frac{1}{2}$	−7.3
7月	77	$-\frac{1}{2}$	−7.8	$279\frac{1}{2}$	$-1\frac{1}{2}$	−6.45
8月	$85\frac{1}{16}$	$-\frac{1}{4}$	−3.5	286	−1	−4.2
9月	$85\frac{9}{16}$	$-\frac{3}{8}$	−5.2	$347\frac{1}{2}$	$-1\frac{1}{2}$	−5.1
10月	$94\frac{1}{8}$	$-\frac{3}{8}$	−4.8	471	−5	−12.7
11月	$96\frac{5}{8}$	$-\frac{1}{4}$	−3.1	$764\frac{1}{2}$	$-2\frac{1}{4}$	−3.5
12月	$93\frac{15}{16}$	$-\frac{1}{2}$	−6.4	855	$-1\frac{1}{2}$	−2.1
1922年						
1月	$97\frac{1}{8}$	$-\frac{1}{4}$	−3.0	$777\frac{1}{2}$	$-3\frac{1}{2}$	−5.4
2月	$92\frac{1}{2}$	$-\frac{7}{16}$	−5.7	872	$-2\frac{1}{2}$	−3.4
3月	$83\frac{3}{16}$	$-\frac{1}{4}$	−3.6	1 117	$-1\frac{1}{2}$	−1.6
4月	$83\frac{5}{16}$	−0.15	−2.16	1 440	−8	−6.6
5月	83	−0.1	−1.45	1 270	$-\frac{1}{2}$	−0.47
6月	$85\frac{7}{8}$	−0.03	−0.41	1 222	—	…
7月	100	—	…	2 320	+5	+2.59

(续表)

日期	意大利			德 国		
	现汇 (里拉)	一月期期汇 (里拉)	二者 年百分比 差异（%）	现汇 (马克)	一月期期汇 (马克)	二者 年百分比 差异（%）
8月	96	—	…	3 175	+20	+7.56
9月	101	−0.11	−1.31	5 700	—	…
10月	103	−0.1	−1.16	9 900	+450	+54.54
11月	106	−0.08	−0.91	26 250	+6 000	+274.3
12月	$93\frac{3}{4}$	−0.2	−2.56	35 000	+5 500	+188.58
1923年						
1月	92	−0.11	−1.43	39 500	+1 750	+53.16
2月	$97\frac{1}{2}$	−0.23	−2.83	190 000	+27 000	+170.53
3月	$97\frac{3}{8}$	−0.23	−2.82	105 000	+10 000	+114.28
4月	$93\frac{3}{4}$	−0.18	−2.30	97 500	+60 000	+73.85
5月	$94\frac{7}{8}$	−0.19	−2.28	170 000		+141.18
6月	99	−0.15	−1.82	350 000		+137.14
7月	$106\frac{7}{8}$	−0.22	−2.47	900 000		+40.00
8月	$105\frac{1}{2}$	−0.28	−3.18	5 500 000		+327.27

注：* 名义值。

但是，在所有这些情况（要除去马克彻底崩溃之后的德国）当中，无论期汇对于现汇是升水还是贴水，买卖期汇以避免风险而产生的支出，即使有也一直是微不足道的。

虽然是这样，在实际操作中商人们还是没有利用这样的设计来使自己达到本来可以预期的那种程度。期汇交易的性质尚且没有得到广泛地理解。这些汇率甚少出现在报刊之上。几乎没有什么同样重要的金融话题，像汇率这样得到关注或讨论如此之少的。在大战之前，情况并不是这样（甚至在那个时候，美元期汇的行情也已经定期播报了），而且一直到1919年主要汇率"解除管制"后，才重新又恢复了当初的样子，因此，工商界只是到了这个时候才开始使自己适应起来。而对于普通民众来说，期汇交易似乎带着一种投机的色彩。这可不像曼彻斯特棉纺工人，可以通过长期的经验累积来认识到它不是利物浦期货市场上棉花的套期保值交易，而是根本就不会达成这样的交易，它是投机性的，那些买卖以国外货币来表示其商品价格的商人们，仍然没有将它视为通过期汇交易避免那些间接兑换合约的精细工作之一。

另一方面，在当前阶段，不把它过度夸大到认为商人们通过这种办法就可以规避风险的地步，至关重要。首先，基于某些原因（其中有一些下文会提及），它只是在一些主要货币的汇率上，才可以使这些交易以合理的要价达成。即便银行自身是不是已经认识到，为它们的客户查看这些交易是否在公平合理的汇率下达成的规定，乃是其所能提供的最有用的服务之一，也不得而知。也许，这类交易上的便利性同时可能会带来更大的投机性，已经让各家银行倍感胆寒，而不敢正视它的作用。

但是，作为对风险的一种防范措施，远期交易的价值还有更深一层值得肯定的理由，也不能对之有所忽略。按照特定国家货币来计算的一种特定商品的价格，并不会完全地对世界汇率市场上该国货币的价值变化做出反应，因此，当一个国家是某种商品的大宗卖主或买主的话，则该国汇率的变化可能会改变以黄金表示的该种商品的世界价值。在这种情况下，即便一名商人就汇率本身进行套期保值，就其所未尝出售的那些贸易存量而言，通过他所从事交易的商品的世界价值变化，可能也会带来损失。而这种世界价值的变化，是直接由汇率波动造成的。

如果我们转而对期货市场进行理论分析，那么，到底是什么决定了上文所记录的那种现货和期货价格差别的大小和方向（或正或负）呢？

如果对于一个使用英镑的伦敦买主来说，一月期美元期汇报价比美元现汇还要低，那么，这总的说来也就说明，市场的偏好是倾向于该月内在纽约而非伦敦持有这笔资金——这种偏好的程度可以由美元期汇的贴水来衡量。这是因为，如果美元现汇 4.40 美元兑 1 英镑，一月期美元期汇 $4.40\frac{1}{2}$ 美元兑 1 英镑，那么一个有 4.4 美元的人通过卖出美元现汇，然后购入一月期美元期汇，会发现在该月结束时自己有了 $4.40\frac{1}{2}$ 美元，而这只需要在这个月内成为一个在伦敦拥有 1 英镑，而不是在纽约拥有 4.40 美元的人就可以做到。在一个月之内，他应该取得而且能够取得这半美分的收益，相当于每年可以获得大约 $1\frac{1}{2}$ 的收入，这足以让他有激励来做这桩交易。所有这一切表明了在竞争条件下在该月之内市场更愿在纽约而非伦敦持有资金的偏好所达到的程度。

反过来说，如果对于伦敦的买主来说法郎、里拉和马克的一月期期汇报价高于现汇价格，那么，这就表明在伦敦持有资金的偏好要超过在巴黎、罗马或柏林持有资金的偏好。

因此，现汇和期汇价格的差别，是人们对在某一个国际中心而非另外一个国际中心持有资金的货币和汇率市场偏好程度的准确而恰切的衡量指标，**它规避了汇率的风险**，也就是说，在这类情况下，汇率风险是被对冲掉了的。那么，决定这些偏好的又是哪些因素呢？

1. 最为根本的原因可以在"短期"货币可以达到的利率水平中找到——所谓"短期"货币，是指在进行对比的两个国际中心的货币市场上短时期借出或存入的货币。如果在纽约借出美元一个月，借出者以年化5.5%的利率取得利息，而在伦敦借出英镑一个月，他只能以4%的利率取得利息，那么，我们就可以由此观察到，人们在纽约持有资金的偏好要大于在伦敦持有资金的偏好，这是可以一览无余的。也就是说，对于在价格更高的货币市场上购买货币而言，期汇的报价要比现汇更低，每个月要低1个百分点，这等于在价格较高的市场上一个月挣得的利息减去在价格较低的市场上挣得的利息所得的差额。必须要注意，这其中的支配因素是短期可以获得的利息率，因此，如果一个国家缺乏有组织的货币市场，或者这种市场发展不健全，以至于很难满意地以即期即付或非常之短的时期内借出货币，那么，为了便于进行这样的计算，我们可以将该国看成一个低利息收入市场，即便在这个市场上现行的长期利率并不低。这样的认识一般而言会使得伦敦和纽约变成短期货币更加青睐之所，比欧洲大陆的那些国际中心更受欢迎。

从1922年年中到1923年年中，伦敦的这种低廉的货币价格对伦敦作为资金存储地的魅力大减所带来的影响，上述表格给出了清楚的揭示，其中外国货币的期汇报价相对于现汇报价更加低廉。以美元为例，其期汇报价截至1923年初每年已经超过现汇报价达每年3%（即根据英镑计算的美元期汇要比美元现汇每年**便宜**3%），这意味着（还要经过下文所提及的其他各种影响的修正）短期贷款的实际利率在纽约要比在伦敦高出近3%。

再看法郎。法郎期汇的报价一直比现汇低,而只要伦敦的货币更加昂贵,法郎期汇的报价就会高出现汇报价,这表明,伦敦与巴黎相比货币的相对昂贵现象已经不复存在。里拉的情况是这样的,尽管里拉期汇的报价依然低于现汇报价,但在同样的影响之下,它已经提高到接近现汇的水平。虽说如此,人们对这两种货币未来前景看跌的占大多数,出于本书后文将会详细给出的那些理由,这可能也会在导致我们所观察到的结果方面起到了一定的作用。

不过,最有意思的则是与马克有关的那些数字,它们向我们生动地说明,我在本书前文所提到的关于1922年10月德国崩溃之后出现的天价货币利率,正是面对货币单位灾难性崩溃的普遍预期下,努力使实际利率维持在正利率的水平上,所带来的结果。我们要注意,按照马克计算的实际短期货币利率,其波动范围在每年50%以上,直到最后,这些报价也只是给出了名义值。

2. 如果不考虑信贷问题,短期贷款的利率就会是主要的因素。事实上,正如伦敦和纽约之间一样,可能在现行的条件下,情况都是这样的。在伦敦和巴黎之间,这个因素也是非常重要的。但是,在其他地方,撇开战争这一因素之外,财政和政治风险所带来的各种不确定性有时候会成为大大超过相对利息这个因素的更深一层的原因。财政上出现麻烦以及政治上发生混乱,再加上万一出现危难则可充分预见到的债务展期的可能性,或者突然引入外汇管制以干预所在国之外的汇率均衡趋势,甚至有时会出现的极端的非货币化情况,所有这些发生的可能性都会阻止银行家选在某个国外的中心来维持大规模的浮动平衡,甚至在汇率风险完全被排除的情况下,银行家也还是不敢如此。像这样的风险，会阻碍银行家将他们的业务建立在对利息率进行数学计算的基础之上，而银行家原本是应该这样做的；这些风险通过其可能的规模，把可以从利率之间的差距再加上常规的银行业者的佣金中挣得的小额"收益"给消除净尽；而且由于这些收益无法计算，它们甚至可能妨害了保守的银行家在任何合理的利率之上从事较大规模的业务。例如，就罗马尼亚和波兰的情况来看，这一因素有时就是其主要的原因。

3. 还有第三个颇为重要的因素。我们一直认为，期汇价格乃是固定在这样的水平上，即交易商和银行家可以通过在这个水平上同时做一笔即期交易来让自己保本之后，再由这一交易取得一笔合理的利润。但是，通过相应的即期交易，使每一笔远期交易皆能实现保值之功效，并非必然之事；也可能卖出一种货币的期汇，要同时购入同一种货币的期汇，相辅相成才可以实现保值的目的。例如，当市场上的一些客户可能希望售出美元期汇时，其他一些客户则想购入美元期汇。在这种情况下，市场就在其账簿之中用一笔交易对冲另外一笔交易，而这也就没有在两个方向中任何一个上面转移现金的必要。因此，这第三个因素取决于美元期汇的买方还是卖方哪一个占优势。为了集中我们的注意力，我们假设货币市场的条件是美元期汇卖出对美元现汇买入的每天贴水率为1.5%，在这种情况下，既不会获取超额利润，也不会蒙受损失。接下来，如果在这些条件下购买美元期汇的人数，除去套利者之外还超出美元期汇的售出人数，那么对美元期汇的这一超额需求，可以由套利者去填补，这些人在伦敦是有现金资源在手的，其贴水率要比1.5个百分点低一点（比如低0.5个百分点），因为只有这样套利者才能为其套汇行为取得足够的利润。不过，如果美元期汇的卖者多过买者，那么，前者就不得不要接受足够大的贴水来诱使套利者买入美元——这些套利者就是那些在纽约持有现金资源的人——那么，这就意味着贴水率要大过每年1.5个百分点一些，比如要高出0.5个百分点。因此，美元期汇的贴水将会在每年1到2个百分点之间来回摇摆，情况随买者和卖者哪一方占据优势而变。

4. 最后，我们还不得不考虑现实中经常出现的一种情况，在这种情况下，我们关于规模巨大的自由市场假设并不成立。远期外汇业务只能由银行或类似的机构来办理。如果在某种外汇上大量业务操纵在少数机构手中，或者假如这些主要机构之间达成了默契，而这些机构又与维持差额有关，这些差额将使它们获得比竞争性利润水平更高的利润，那么，银行从现期与远期交易之间的套利行为中取得利润，即附加费用，可能会大大超出上面所给出的那种适度的数值水平。在米兰，里拉期汇的报价与同一时期伦敦现行的价格相比时，我们可以看到，可以在两个市场上自由操作的银行能够不断地取得非常规的利润。

但是，当投机异常活跃，而且都是单向操作时，就会发生非常重要的更大的意外事件。在常规条件下，游资不难取得，而且也很容易出于在现期和远期外汇交易之间获取适度的套汇利润这一目的，从一个中心转移到另外一个中心，但是，游资在数量上绝非无限，也并不是总能满足市场的需要，这一点必须要牢记。例如，当市场关于欧洲外汇对英镑或英镑对美元的行情看涨，全然不同往日时，就具体情况来看，卖出英镑或美元期汇的压力可能会使这些货币的远期价格对于其即期价格造成贴水，这表示任何买入这些远期外汇而卖出即期外汇的人全都会取得大大超出常规的利润。这种反常的贴水,只有在即期和远期之间套利的高额利润将新资本已经引入到套汇交易中时,才会消失不见。即便对远期外汇理论的一些基本要点,通晓它们的人也少之又少,以至于在1920年的伦敦和纽约之间甚至出现了这种情况,一个即期的美元卖者只要把他的美元换成英镑,并同时卖出一月期英镑期汇而换入美元期汇,就可以取得高于伦敦短期货币年利率6个百分点的利润;而根据提供给我的数据来看,在1921年2月底,通过在米兰卖出即期英镑,并买入一月期英镑期汇,要赚到高于年率20%的利润,而且还要高于在米兰可以取得的任何一月期的现金存款利率,这并不是不可能的事。

有意思的是,当远期汇率和即期汇率的差额暂时变得反常起来时,这就说明存在着投机活动所带来的异常的压力,而一般来说,投机者事后来看往往是对的,这一点颇值得注意。例如,美元期汇从1920年11月持续到1921年2月,一直存在不正常的贴水,这表明在这个市场上英镑是很坚挺的,与英镑从3.45暴涨到3.90是相吻合的。当英镑到达波动范围的最低点时,这一贴水处在最大值,而当英镑到达最高点时,它则处在最小值(1921年5月中),这种波动的趋势通过调和后的专业观点以惊人的准确性反映了人们对各类事件的预期。在1922年5月底出现美元期汇贴水相对较高,部分可能是由于基于美元恢复平价的预期而对英镑的过度投机,而不只是因为与纽约相比伦敦的货币更加廉价,情况与之前并无不同。

法郎的情况亦复如是。1921年1月和2月,法郎期汇的反常升水表明,在市场看来,法郎已经跌得够低了,后来证明情况正是这样。恰恰在法郎达到最高值的那一刻(1921年6月底),市场上的参与者们开始转身,事实再次证明了他们的正确。在1922年前五个月里,就在法郎几乎要稳定下来的时候,法郎现汇和期汇的报价实际上彼此已经持平,然而,从1922年6月份开始,法郎逐步走低,还一直伴随着法郎期汇出现稳定而有时幅度也很大的贴水;这些情况表明,专业市场法郎疲软,因此,经过这一检验,又一次证明了市场参与者们的正确性。里拉的情况能够告诉我们的也大致一样。所以,读者自己通过对这些表格加以研究就可以发现,没有哪一种精确的一般性法则能够毫发无差地预测到这些情况的发生,尽管当市场采取的观点非常明确的时候,如远期汇率的情况所表明的那样,市场大体来讲还是正确的。

欧洲货币的外汇投机者更多地看多市场,由于据传他们已然损失惨重,所以,结果看起来似乎还是颇为惊人的。但是,遍布世界大量的业余投机者都在现金买入看涨的货币,对于他们来说,远期交易闻所未闻,而且也没有办法涉足其间。正是这类投机在暂时地支撑着现汇的行情,但是,对于期汇和现汇之间的差额这个我们当下所讨论的主题,它却没有任何影响。以上结论受到了这样的事实所限,即当利用期汇市场的那一类专业投机格外活跃而且看法一致时,其投机基本上被证明是正确无误的,因此,对于缓解极度的波动,这是一直是一个有用的因素,如果没有它,那种极度的波动就会出现在市场之上。

从这一讨论以及与之相关的数据中,我们也许可以得出各种不同的切实可行的结论,我从中选出来三条。

1. 那些波动幅度最大、商人最需要相关的手段通过套期保值来规避风险的外汇,恰恰是那些在适度的税率水平上为远期交易提供的工具发展最欠缺的外汇。但是，这并不是一定要通过外汇自身的不稳定性来加以解释，也可以由某些与之相伴的环境来解释，比如，人们对该国内部的制度安排或其银行信用的不信任，对突然采取的外汇管制或延期支付的担心，此外还有其他一些上文提及的类似影响等。为什么在高度不稳定的外汇方面缺乏出色的远期市场，并没有什么理论上的原因。因此，在那些管制制度尚不健全的国家，即使在这种不健全的情况下，通过为远期交易提供相应的服务，要缓解波动所带来的可怕后果也还是可能的。

这些国家的国家银行能够有效地执行这一功能。为此，它们必须自己控有一定量的外汇，或者一定要为接受外国银行家用它们自己的货币存入短期存款而提供服务，所依据的条件是要确保这些银行家对于这些存款的自由度和流动性方面保有充分的信心。有各种不同的技术性手段可供选择。但是，最简单的办法也许莫过于让国家银行自己进入远期市场，在对现汇报价合理的贴水或升水上，买入或卖出远期外汇。我建议国家银行不应直接与公众交易，只需要授权给银行和金融机构进行交易，国家银行应该从这些银行和金融机构那里要求获得足够的安全保障。我还建议，国家银行应该每天就其买入和卖出的汇率进行报价。但是，这样的报价不应该采取外汇自身价格的形式，而是要采取现汇和期汇之间百分比上的差额这样的形式，并且应该给一方面是现汇交易，另外一方面是同时进行的期汇交易进行双向报价——例如，意大利银行可能愿意卖出英镑现汇，并以现汇对期汇每月升水八分之一个百分点的情况下买入英镑期汇，再以平价买入英镑现汇，卖出英镑期汇。对于这类交易，国家银行需要在海外握有一定数量的外汇资源，持有方式可以是现金，也可以是借贷的金融工具。

但是，这笔资金是要不断流转的，在远期合约到期时能够自动补充，因此它不必非要出于维持汇率之目的而使资金达到一定的规模。这一业务所蕴含的风险，也不比所有这类银行业务内在存在的风险更大；它本身就避免了外汇风险。

有如此而建立起来的自由的期汇市场，也就不会再有商人去冒外汇风险了，除非他自己想去冒冒风险，而即便在一个变动不居的世界，企业也可能找到一个稳定的落脚点。1922年热那亚会议所形成的金融管制条例，就采纳了支持按照这些方针行事的倡议。

在本书第五章，我将给出我的一项提议，建议英格兰银行应该通过在每周三固定黄金的即期和远期价格，来强化它的控制，就像现在它固定其贴现率一样。但是，如果其他的中心银行也打算采纳上面的按照现汇而对期汇进行报价的计划，那么这些银行也将会增强它们对外汇波动的控制。通过改变这些汇率，实际上，它们将能改变**国外**余额所要求的利率，这项政策，与那些意在管制**国内**余额可以实现的利率的任何一种银行利率政策都不相同。

2. 在当下，对于银行来说，到底哪些是期汇的投机交易，哪些是意在对商业交易进行套期保值的交易，为了打击前者，努力对它们进行区分，已经不是什么难事。然而很多国家的官方外汇管制一直还是将这类甄别事务当作其工作的目标。我认为这是一个错误。银行应该采取严厉的预防措施，以确保它们的客户不会很麻烦就可以在可能产生损失时对之进行弥补。但是，在这一点上它们确保可以完全地做到之后，再做深究，就没有什么用处了，原因如下。

首先，要阻止对这类管制的规避，几乎是不可能的；然而如果这一业务被迫要成为规避手段的话，它就会转入地下，从而为中间人带来过多利润,而落入到那些不为我们所欢迎的人手中。

但是,还有更加重要同时也更少为人所理解的事情就是,拥有外汇资源的投机者是可以提供一种有用、实际上也的确必不可少的服务。由于实际贸易量在一年之中分布并不均匀,除非有一些金融的、非商业性质因素对余额问题进行干预,否则,我们上文所提到的季节性波动原因,必然会带来不可估计的影响。自由的远期市场并不会把投机交易剔除出去,但是,它还是可以给那些不想投机的交易者提供最为便利的平台,从而避免投机交易的达成。像诸如棉花交易的例子,它通过在纽约和利物浦两个市场上的"期货"交易而使得商人获得好处,这种期汇市场也可以保证同类的好处可以得到实现。在风险不可避免要出现的地方,应该让那些有资格或有意愿承受风险的人来承担,这总要比让那些既没有资格也缺乏意愿的贸易者来承受要好得多,而且真要让他们承担,也会分散他们对自身业务的精力。在过去三年间,主要外汇的大幅波动与其持续地贬值并不相同,这些波动过去一直不是因为投机的存在所造成,而是由于缺乏与贸易规模相对的投机规模所导致。

3. 不能就现汇和期汇之间的关系进行分析,可能有时候需要部分地对错误的银行利率政策负责。高息货币(dear money)——也即短期借贷上的高利率——具有两种效应。一个是间接的,而且是逐步的效应,也就是说,逐步地减少银行报价的信用规模。现在的这种效应与之前一贯的情况是一样的。当价格上涨,商业贸易试图比实际资本的供应以及长期当中所能允许的有效需求扩张得更快时,人们希望看到这种效应的发生。当价格下跌,贸易萎缩时,人们就不再希望这种效应出现了。

高息货币，或者这么来说，货币在一个金融中心比在另外一个金融中心更加昂贵，所造成的另外一种效应，过去常把黄金从货币相对便宜的中心提出来，为的是把黄金用在更加昂贵的那一种货币上。不过，在今天，这种唯一的立即发生的效应，乃是使两个中心的即期汇率和远期汇率之间的差额做出新的调整而已。如果货币在伦敦更为昂贵，美元期汇的贴水就会消失，或者变成升水。前面所指出的这种效应，曾发生在1922年下半年伦敦货币的相对贬值，所带来的美元期汇的贴水增加上，也曾发生在1923年年中货币利率的相对提升，所带来的这一贴水的减少上。在当前的情况下，发生这样的事情，乃是两个中心利率之间适度差异所带来的直接的主要后果，当然，此外还有间接的长期影响。由于无人可以做到在某种重大规模上暂时地把货币从一个货币市场转移到另外一个货币市场，同时又无须冒任何汇率上的风险，而只是享受每年0.5到1个百分点的利率之差，所以，与即期汇率和远期汇率截然不同的是，更加昂贵的货币对汇率**绝对**水平所产生的直接效应是非常之小的，它受到了即期汇率和远期汇率之间关系所施予外汇投机者身上的相对比较轻微的影响之局限。[1] 为求利用这种新的情况，在即期和远期外汇之间的套利者所带来的压力，会导致两种汇率之间的差异迅速地做出调整，直到与外汇投机不同的临时汇款业务较之以前不再那么有利可图，因之套汇的规模也不再增长为止；结果，即期汇率的绝对水平不会受到显著的影响。

那些用来解释维持英格兰银行利率和美国联邦储备委员会利率之

---

1 如果伦敦的利率提高，美元期汇的贴水将会减少，或者出现升水。这可能会在鼓励美元期汇的投机性销售上产生一些影响（这种影响有多大，则取决于即期汇率和远期汇率之间差额对投机者预期的即期汇率可能的波动幅度所得出的比例）；至于这种情况，银行对美元现汇的保护性销售，将会使汇率发生有利于伦敦的改变。

间的密切关系的理由，时常表明人们在这方面的认识上混乱不堪。具有实际影响的高利率对总体形势所产生的最终效果，并没有什么争议；但是，那种认为伦敦和纽约之间银行利率的适度差异会直接对英镑兑美元的汇率发生作用的看法，就像过去在可兑换制度下所持有的信念一样，乃是一种误解。这种差异所起到的直接作用，都是针对美元期汇对美元现汇的贴水的；而它对即期汇率的绝对水平不会产生多大的影响，除非相对货币利率的变化在数量上可以与汇率波动的可能范围进行比较（这在过去是可以的，如今已经不复如此）。

第四章　货币政策的若干不同目标

本书第一、二章对货币购买力的不稳定造成的恶果以及政府财政上的紧张所产生的影响进行了讨论，这些讨论表明，我们的主题对于社会福利而言具有重要的现实意义。在第三章，我们尝试着为我们的建言提供一种理论上的基础。现在，在本章和下一章，我们开始转而**讨论补救措施**。

在除了美国之外的大多数国家里，货币之所以不稳定，乃是源于这样两个因素：一个是国家的通货无法按照某种人们认定的价值标准，即黄金的价值来使之保持稳定；一个是根据购买力计，黄金本身的价值也无法保持稳定。公众（例如坎利夫委员会[1]）一致所集中关注的，基本上都是上面这两个因素中的第一个。我们往往认为，恢复金本位制度，也即使一个国家的通货按照一定比率兑换黄金，无论在何种情况下，都应该是我们的目标所在。所争论的主要问题，只是在于这一比率的具体大小当断于何处，是应当恢复到战前的黄金价格水

---

[1] 坎利夫委员会是时任英格兰银行总裁坎利夫先生所组织的一个意在报告一战后英国经济如何恢复之类的建议的委员会，该委员会于1918年发布一份报告称英国重新恢复金本位制度势在必行。——译者注

平,还是要把价格定得更低一些,争议的无非是这两种情况哪一种比较接近于目前的实际情形;换言之,也就是说我们必须在**通货紧缩**和**货币贬值**这两个目标之间挑选一个出来。

这种认识未免显得过于轻率。且让我们看一看过去五年价格变化的情况,很显然,美国是从来未曾脱离过金本位制度的,但是,它所遭受到的损害,与许多别的国家并没有什么两样,在英国,较大的因素来自黄金价格的不稳定,而不是外汇汇率的不稳定,甚至法国也是这般情形,意大利的情况也差相仿佛。另一方面,在印度,它是一向都深受外汇汇率剧烈波动之苦的,但是,在这个国家如今价值标准的稳定程度却超过了任何其他国家。

因此,我们不应该期望通过固定汇率而摆脱我们在通货方面面临的麻烦。这样做甚至还可能会削弱我们的控制力量。有关币值稳定这一问题,所牵扯的面向繁多,我们必须对之逐个地加以考虑。

1. 货币贬值对通货紧缩。且不管我们是否用黄金作为价值的尺度,我们到底是希望把价值标准确定在接近现行价值水平上呢,还是希望它恢复到战前的价值水平?

2. 价格稳定对汇率稳定。要使得国家的通货价值稳定,是根据它在购买力下获得这种稳定,还是根据某些国外的通货下获得这种稳定,哪一方更加重要些呢?

3. 恢复金本位制度。根据我们对前两个问题的回答,无论金本位制度在理论上如何地不够完整,这种制度实际上是不是能够使得我们得以达到币值稳定的目的呢?

在对以上各种目标做出选择之后,在下一章我们就可以给出一些建设性的意见。

I. 货币贬值对通货紧缩

缩减一国通货的数量与其所需要的以货币形式表现的购买力这两者之间的比率，从而增进根据黄金或商品而计的通货的交换价值，这样的政策，我们可以称其为**通货紧缩**。

把一国的通货之价值稳定在其当前价值附近的某一点上，而不加考虑其战前的价值，这样的政策，我们可以称其为**货币贬值**。

一直到1922年4月召开热那亚会议时，公众对这两个政策还是不大能够进行清楚地区分的，只是在后来，才对这两者之间的尖锐对立，逐渐有了认识。即便在今天（1923年10月），也几乎没有哪个欧洲国家的政府明确地表示，对于其通货价值，到底要采取哪一项政策，是对之加以稳定呢，还是要加以提高。国际会议[1]所给出的建议，是在现有的价值水平上稳定通货的价值；而很多国家的货币的实际价值却是在不断下降，而不是在上升。但是，从其他的迹象来观察，我们可以看到，欧洲各国的国家银行无论在国家通货政策方面进行得顺利与否，顺利的如捷克斯洛伐克、不顺利的如法兰西，在其内心深处，未尝不希望**提高**它们的通货价值。

反对通货紧缩的简单观点，可以归纳为以下两点。

---

[1] 虽然热那亚会议（1922年4月）总体上肯定了这一原则，但是，那些受其影响较多的国家的代表却联合起来宣布，他们必须作为特例而不受这一原则的约束。分别代表意大利、法国和比利时的发言人皮亚诺先生（Signor Peano）、皮卡德先生（M. Picard）和修尼斯先生（M.Theunis）各自代表本国宣布称，他们决不会执行贬值政策，而是决定把他们各自国家的货币恢复到战前价值上去。改革是不可能通过联合的、同时的行动来实现的。当热那亚的专家们"大胆地建议"道，"哪个国家首先勇敢地决定，树立马上按照黄金来确保价值稳定之榜样，那它就为此立下了汗马功劳"时，他们是认识到了这一点的。

首先，通货紧缩不是**人们所想要的**，本身并不受人们欢迎，因为它所产生的影响总是有害的，它会使现行的价值标准发生变化，会以一种不公正的方式重新分配财富，这种财富上的重新分配不但会对企业不利，同时也不利于社会安定。正如我们业已看到的那样，通货紧缩所引发的财富转移，是将财富从社会的其余部分转移到食利者阶层和所有的货币持有者手中；这和通货膨胀引发的情况适成相反之状。其中特别突出的一点是，它将会使财富从一切借入者，即商人、制造业者和农民手中，转移到借出者手中，从经济上比较积极的人手里转移到不积极的那些人手里。

但是，通货紧缩所造成的主要的持续性后果，是使纳税人受到压迫，食利者阶层则可由此而分肥；而处于此过渡时期，还会带来另外一个更为猛烈的干扰因素。如果采取逐步提升一国货币价值的政策，根据商品来衡量时，使之比当前价值提高（比如说）100%；这就等于给每一位商人、每一位制造业者发出通知说，在某段时期，他们手中的存货和原材料，将会稳定而持续地发生价格下跌的现象，同时还告诉每一个用借来的资金来为自己经营的事业融资的人说，他迟早会在其债务关系上造成100%的损失（因为对于他所借入的资金，若以商品来计，必须要以加倍的数量进行偿还）。现代企业基本上都是靠借入的资金建立和运营的，在这样的一个过程中，它们势必会陷入停顿状态。这对于任何一位企业的经营者来说，暂时退出经营，总是符合他们的利益的；而对于任何一位意欲有所开支的人，此时尽可能地推迟这样的支出行为，也总是符合他们的利益的。精明、世故之人会把他们的资产转化为现金，摆脱一切风险，停止一切工作活动，赋闲在自己的家园，静待其现金价值向着自己预期的方向稳步提升。如若人们对通货紧缩产生了可能的预期，这已经是相当糟糕的事了；而一旦发生对通货紧缩的确定预期，那就会大祸临头，其后果将是灾难性的。因为现代工商界对于货币价值向上趋势的波动，比之于对它向下趋势的波动而言，其内在的机制会更加不相适应。

其次，即便通货紧缩在很多国家当真是人们所想要的，实际上也**根本无法做到**。也就是说，要使通货紧缩力度之大，足以将通货的价值恢复到战前的平价上去，这样的程度是不可能达到的。因为这将会使纳税人的负担达到其难以忍受的程度。这种在实践上的不可能性，或许会使得这项政策最后趋于无害，如果不是这样的话，那它将会妨碍到另一种政策的实施，这会延长不安定状态和严重的季节性波动持续的时间，甚至在有些情况下它还会对企业造成很大的干扰。现在，法国和意大利政府公开宣布的政策仍然是要把它们的通货价值恢复到战前的平价上来，这一事实阻碍了在这些国家进行有关通货改革的任何合乎理性的探讨。有些人——在金融界像这样的人是很多的——别有用心，故意把这种政策说成是"正确"的，因此他们就不得不在这个问题上胡说一通，以乱视听。在意大利，正确的经济观点具有较大的影响力，这种观点已经相当成熟，足可供实行通货改革来采用，但是，墨索里尼先生却施加威胁手段，出言恫吓，要把里拉强行提升到它以前的价值水平上去。对于意大利的纳税人和意大利企业来说，可幸的是，里拉对独裁者的话充耳不闻，而独裁者亦无法使它俯首帖耳。但是，这样的空言却可以推迟积极切实的改革；尽管人们也许会感到诧异，这样一个干练的政治家何以会提议施行这样的政策，虽然他是在一种虚张声势、热烈浮夸的态度下谈及这类建议的，但要知道，这种建议若以另外一种意义相同的措辞来表达的话，内容不外是这样的:"我们的政策是要把工资拦腰斩半,把国家债务负担提高一倍,把西西里输出橘子和柠檬时的价格减少50%。"

只有一个国家——捷克斯洛伐克——在一个虽然不大却已经足够的范围内完成了这一实验。比较而言,捷克斯洛伐克既无内债负担之虞,也没有沉重的预算赤字在身,所以,它才能够在1922年里推行其财政部部长阿洛伊斯·拉辛博士(Dr Alois Rasin)[1]的政策,利用某些对外贷款的收益来提高捷克朗的兑换价值,使之在前一年所曾到达的最高汇率上增加了几乎三倍。这一政策让捷克斯洛伐克付出了工业危机和大规模失业的代价。他们为什么要这般作为呢? 我不知道。即使到了现在,捷克朗也还不到其战前平价的六分之一;而且它始终都不稳定,一旦出现季节变化,以及政治上的风吹草动,它就波动不已。那么,这种升值的过程是要无休止地继续下去吗? 如果不是,那又将在什么时候,在哪里才会实现稳定的局面? 与欧洲任何国家相比,捷克斯洛伐克都有着更好的条件,在稳健而固定的币值之上,来建立其经济生活。她的财政是平衡的,信用也很好,国外资源充裕,而且不会有人因其使克朗贬值而责备于她,这一政策的失败,并不是她自身的问题所致,也不是由哈布斯堡王朝遗留下来的问题造成。以一种严谨的态度,追求一种错误的政策,南辕而北辙,她的工业陷入停滞,币值标准依然波动不止,皆自取也。[2]

---

1 即 Alois Rašín(1867—1923),捷克斯洛伐克政治家、经济学家,是捷克斯洛伐克的奠基人和第一任财政部部长,创立了该国货币捷克斯洛伐克克朗。拉辛是保守自由主义的代表,因为被视为国家资本主义的代表而被暗杀。——译者注

2 拉辛博士如今已死于暗杀,如果不考虑到他在第一个任期(1919年)内,把他所在的这个国家的货币从一派混乱中拯救出来,居功至伟,我们是不能对他在第二个任期(1922年)内的工作加以批评的。对奥地利的票据征收印花税,对持有辅币的人征税,是当时唯一激烈、勇敢而又成功的金融政策,风行全欧。其中曲折,拉辛(转下页)

因此，要把欧洲多国的通货恢复到战前的黄金平价上来，不但不值得为我们所期待，实际上也是无法办得到的。然而，为什么还有那么多的欧洲国家把这种既不值得期待、实际上又无法办到的事情作为它们中大多数国家公开宣布的政策呢？ 我们可以细究一下，它们所以采取这样的政策，到底有哪些具体的理由或者论点。以下是其中最为重要的几点：

1. 战争把一国通货的金值给压低了，现在如若听任它处在这样的低水平，那么，对于食利者阶层和其他以货币而计的固定收入者来说是不公平的，这实际上是一种毁约行为；而恢复通货价值，却是履行债务的磊落之举。

通货价值下降，对于那些持有战前定息证券的人来说，势必造成损失，这一点是无可争议的事实。而要做到真正的公正无偏，恐怕还不仅仅是恢复他们货币收入的黄金价值，而且是要恢复其货币收入的购买力，但这一价值尺度却无人提及；至于名义上的公平，实际上并没有受到破坏，因为当初投资之时使用的并非金块，而是当地的法定货币。尽管如此，对于这类投资者若能区别对待，另行处理，虑及公平与满足合理预期之便利，那么若以此原则行权宜之计，就可以在这个问题上做出一个极佳的榜样来。

但实际情况并非如此。战时公债的大规模发行，早已将战前定息证券的持有量给淹没在一片汪洋之中，而整个社会也已经与新的局势

(接上页)博士在他的《捷克斯洛伐克的金融政策》一书中，读者可以从中读到他的亲笔记述。在他完成改革之前，其他的影响已经占据了优势地位。但是，当1922年这位严肃而无私的部长再次履职时，根据我的判断，他是错失了良机。他本可以把货币建立在稳固的基础上，以此来完成他的使命，而不是像实际当中那样，用他手中巨大的权力，通过通缩这种毫无价值的办法，而把贸易弄得一团糟糕。

大体上相适应了。使用通货紧缩的办法来恢复战前持有的证券之价值，意味着会同时提高战时和战后发行的证券之价值，这也就从而提高了食利者阶层的总的债权，使得他们的收入不但超出了他们应得的那部分，而且使其在国民总收入中所占的比例将扩大至令人无法容忍的地步。当此之时，如若再用公平的尺度来正确地衡量一下，会发现公平已经滑向了另外一端。现在有待清偿的货币契约，签订之时绝大部分的货币价值与现在的价值水平比较接近，而与1913年时的价值则相去甚远。其结果是，为了给少数的债权人主持公道，却罔顾了对大多数的债务人所造成的极大的不公道。

有关这一方面，欧文·费雪（Irving Fisher）教授[1]做出了令人钦佩的阐发。[2]他说，我们忘记了并非所有合约为求保证公平都需要做出同样的调节，也忘记了当我们正在争论，是否应该紧缩通货以保证那些在原有的价格水平上签订的合约获得不切实际的公平对待时，在新的价格水平新的合约正在不断地被签订。如果按照合约的签订时间进行分类，对现在仍然成立的合约数量所做的估计，我们会发现，有些合约不过才签订了一天，有些签订了一个月，有些已经一年，有些十年，有些则已达百年之久，但是，最近签订的那些合约的数量，应该是非常之大的。所以，现存的所有债务，其平均的年代，或者偏向的重心，可能总是更加接近于当下。在大战之前，费雪教授曾非常粗略

---

[1] 欧文·费雪（1867—1947），美国经济学家、数学家，经济计量学的先驱者之一，美国第一位数理经济学家，耶鲁大学教授。在经济学中，费雪对一般均衡理论、数理经济学、物价指数编制、宏观经济学和货币理论都有重要贡献。但费雪对经济学的主要贡献是在货币理论方面，他阐明了利率如何决定和物价为何由货币数量来决定，其中尤以所谓的"费雪方程式"为后世的货币主义者所推崇。——译者注

[2] 见于他的文章《货币贬值与通货紧缩》，发表于第十一期的《曼彻斯特卫报·重建增刊》（1922年12月7日）。

地估计道,美国的合约签订的时间平均而言大概是一年之久。

由是观之,一旦通货贬值已经持续了很长一段时间,已经长到了使整个社会都与新价值相互适应的时候,此时再来一场通货紧缩,其后果要比通货膨胀更加严重。二者皆"不公平",都会使合理的预期受到挫折。但是,通货膨胀可以减轻国家的债务负担,可以刺激企业进行投资,造成偏误的同时,在另一方面尚能多少有些好处,而通货紧缩则一无可取。

2. 将一国通货恢复到其战前的黄金价值水平,可以提高国家在财政上的信誉,提升民众对前途的信心。

如若一国能够将其通货在较早的时候即恢复到战前的平价上来,那么这个观点是不容忽视的。在英国、荷兰、瑞典、瑞士以及(还可能包括)西班牙,这种说法或许不谬,但是在其他欧洲国家,情况就大不相同,不能再这样讲了。在有些国家,即便将它们的法定货币的价值略加提升,也不可能使之恢复到原来的水平,对于这些国家,这种观点是不相适用的。这个论点的基本宗旨在于,要使货币**毫不含糊地恢复到其战前平价上来**。就拿意大利来说,把里拉定在100里拉兑换1英镑的水平,还是60里拉兑换1英镑的水平,于其财政信誉无伤大雅;相比较来说,令里拉稳定在100里拉兑换1英镑的水平上,比让其在60到100之间变动不居要好得多。

因此,这个观点只能适用于这样一些国家:其货币的黄金价值与原来价值的差距(比方说)乃在5%或10%以内。在这样的情况下,我认为这个观点的真正意涵取决于我们打算对下面这个问题如何进行答复。这个问题就是,我们在将来是否也准备像过去一样,把我们自己牢牢束缚在绝对的金本位上。如果我们依旧认为最好的还是金本位制度，任何别的货币制度都不如它，如果我们对通货前途的"信心"，并不取决于它的购买力的稳定，而是取决于它的黄金价值的固定不变，那么长期保持5%或10%这个程度的通货紧缩，或许值得一试。此一见解同一百年以前李嘉图在相类似的情况下所表达的观点，如出一辙。否则，如果我们决定把目标锁定在价格水平的稳定，而不是黄金平价的固定不变上，在这种情况下，就没有什么好讨论的，辩论应该马上结束。

不管怎么样，这种观点并不会影响到我们的主要结论，即对于那些货币购买力减退已经持续很久且极为严重的国家来说，**通货贬值**乃是正确之举，而且要把币值固定在商业活动和工资水平已经对之做出调整的现有价值上下。

3. **如果能够提高一国通货的黄金价值，生活费用的下降将有利于劳工阶层，外国商品就可以在较低的价格下得到，按照黄金来计算的对外债务（例如对美国的负债），在清偿时也可以减轻些压力，相对容易一些。**

此种观点，纯属谬见，所产生的影响不输于前面两个。这个观点认为，如果法国法郎的价值提高了，那么，用法郎支付的等额工资就当然可以多买些东西，用法郎来支付的法国的进口品，价格上就会更加地低廉。这种说法实在是大谬不然！设若法郎的价值提高，那么它不仅可以多购入商品，而且也可以多购买劳动力——也就是说，工资水平将会下降；而用来偿付进口品的出口商品以法郎来计时，在价值上会和进口品一样以完全相同的程度下跌。而且，长期来看，当英国向美国偿还其美元债务，因之须将某一数量的商品转移至美国时，无论这个数量是多少，最后进行结算时所依据的换算比率，不论是1英镑兑换4美元还是战前的平价，从根本上讲是没有什么区别的。这一债务的负担，取决于黄金的价值——这个价值是固定不移的——而不取决于英镑的价值。看来，对于货币，人们是不大容易看穿它的真面目的：它不过是一种交易的媒介，本身并没有什么重要的意义，只是不断地从一个人手中流到另外一个人手中，流转来流转去，不断地收进来又被分散出去，聚散无时，最后，当它完成了自己的任务之后，就从一国财富之中消失不见、杳不可寻了。

为了对本节进行总结，我来引用两位古典大家有关通货紧缩与通货贬值这一议题所做的论断，这两位古典大家就是吉本和李嘉图，一种论断代表了那种或许很正直的政治家所给人的印象深刻、却是错误的名言，另一种论断则是以清晰的语调发出的具有建设性的理性声音。

在《罗马帝国衰亡史》第十一章，吉本认为，公元274年奥勒良热衷于以通缩手段来恢复金属货币的统一标准，正是这一事件引发了一场造成700名士兵丧命的叛乱，这真是不可思议。"我们也许会十分自然地想到"，他这样说道："改进钱币质量的工作则只会和在图拉真的广场烧毁一些废旧账单的行动一样为人民所欢迎。在一个对商业原则的理解还极不完备的时代，采用严酷的极不明智的办法也许完全可以达到最理想的目的；但像这样一种偶然的不满却很难引发起并支持着一场内战。不断征收加在土地或生活必需品上的难以承受的赋税，最后可以激怒那些不愿，或不可能抛弃自己的国家的人们。但那情况和不论采用任何方式来恢复钱币的正当价值的做法是绝对不同的。"[1]

---

[1] 这段译文参考了商务印书馆1997年出版的《罗马帝国衰亡史》节本的上册第198页的相关译文，译者是黄宜思和黄雨石两位先生。——译者注

在三世纪，罗马可能还没有完全理解商业的原则，彼时的罗马与二十世纪的情况也非全然相同；但是，这并没有使今天的公民们免遭重蹈覆辙之命运。墨索里尼先生可能出于兴趣研读过奥勒良的历史，此人"对民事制度的种种限制全然无知或不屑一顾"，在其实施通货紧缩的那一年里，死于刺客之手，"军队的人感到惋惜，元老院对他厌恶，但是普遍认为他是一个好战的、幸运的皇帝，他对一个已日趋堕落的国家所进行的改革虽然过于严厉，却是十分必要的。"[1]

李嘉图在1822年6月12日于英国下议院发言时，[2]给出了他的观点："假使于1819年的时候，通货的价值是1镑纸币14先令，那就是1813年时的情况，那么，于通盘考虑、权衡得失之后就会想到，通货价值还是按当时的价值来确定为妥，当时已经订立的多数契约就是以那个价值为依据的。但是，当通货价值在距离其平价的5%的范围以内时，需要考虑的却是，按当时的黄金价格4镑2先令确定标准呢，还是回到旧有标准。"[3]

同样的内容在其《关于对农业的保护》中重又得到说明，[4]在这本

---

[1] 这段译文参考了商务印书馆1997年出版的《罗马帝国衰亡史》节本的上册第200—201页的相关译文。——译者注

[2] 1822年6月11日和12日的一场大辩论，是围绕韦斯顿先生（Mr Western）关于恢复现金兑付的动议展开的，其中尤其是发起方韦斯顿先生和他的对手赫斯基森先生（Mr Huskisson）的发言，很好地阐明了本位币通缩将带来可怕后果的规律性，也充分显示了主张通缩之人与主张贬值之人，他们在秉性气质上的难以移易的对立，虽然我很怀疑今天还有哪个主张通货紧缩之人能够像赫斯基森先生那样，做出一个如此有力、如此不公的发言。

[3] 这段译文参考了商务印书馆1983年出版的《大卫·李嘉图著作和通信集·第五卷》第203页的相关译文，该卷译者是蔡受百先生。——译者注

[4] 《大卫·李嘉图著作集》，第468页。（此著作集为麦克库洛赫于十九世纪所编，只有一册，二十世纪斯拉法重又编纂《大卫·李嘉图著作与通信集》共十一卷，第十一卷为索引。——译者注）

小册子中，他是赞成在当每标准盎司下黄金价值 4 英镑 2 先令时恢复旧有标准的，但是，他同时补充道，如果每盎司黄金是 5 镑 10 先令，"而在这种情况下提出恢复旧标准，那就再没有比这个更不合时宜的措施了，从而对一切现存债务，将给予极其猛烈的冲击。"[1]

II. 价格的稳定与汇率的稳定

在某些限制条件下，一国通货与世界其余部分的通货（出于简化之故，假定只有一种他国通货）之间的汇兑比率，取决于国内价格水平与国外价格水平之间的关系，由是观之，我们可知，除非国内和国外的价格水平皆能保持稳定，否则其汇兑比率是不可能得到稳定的。假如国外价格水平处在我们的控制范围之外，其结果会造成我们自己国内的价格水平，或者我们的汇率，将会受到国外因素的牵绊，而使我们不得不处在屈从的地位上。而如果国外的价格水平不稳定，我们就没有办法使我们自己的价格水平和汇率皆能保持稳定。鱼和熊掌，难以得兼，我们只能在它们之间进行选择，二者择一。

在战前岁月，几乎全世界都实行金本位制度，彼时我们一致看重的是汇率的稳定，而非价格的稳定，那个时候，如果由于一些完全不在我们控制范围内的原因，例如国外发现了新的金矿，或者他国的银行政策发生了变化，从而使价格水平也发生了变动，那么，对于这些因素的社会影响，我们是随时准备屈从于它，而束手无有良策的。我们之所以束手无策，抱持这种屈从态度，一部分原因是因为胆小，不敢信赖有人为干预力量（虽然是比较有理性的）在内的政策，一部分

---

[1] 这段译文参考了商务印书馆 1983 年出版的《大卫·李嘉图著作和通信集·第四卷》第 204 页的相关译文，该卷译者是蔡受百先生。——译者注

原因是由于彼时所经历的价格波动过程，实际上还算是比较温和的。尽管是这样，在这一期间，也还是产生过一些要求在政策上改弦更张的有力倡议。其中尤其值得一提的，是欧文·费雪教授所提出的补偿美元（compensated dollar）的提议，除非所有国家都采用了同样的计划，否则的话，这一提议等于是要把注意力更多地集中在国内价格水平的稳定上，而非集中在对汇率的稳定上来。

对于所有的国家而言，到底是应该关注国内价格水平的稳定，还是关注汇率的稳定，哪一种选择才是正确无误的，需要因地制宜，不可一概而论。这个方面，必然一部分取决于在该国的经济生活中对外贸易的相对重要性。尽管如此，如果价格水平的稳定可以实现，那么，几乎在任何情况下，稳定价格似乎总是比较值得追求的目标。汇率的稳定本质上而言是一种便利条件，它可以增进那些从事对外贸易的人们在业务上的效率和繁荣。另外一方面，价格水平的稳定对于上述各种流弊的避免，是有着极端的重要意义的。合约的达成以及企业的预期，绝大多数都是以国内价格水平的稳定为前提的，即便是在英国这样以商业立国的国家，以汇率稳定为前提的也总是比较少的。相反的方面，其主要的观点似乎是这样的，即认为稳定汇率是一个比较容易就可以实现的目标，因为它所要求的只是在国内和国外应当采取同样一个价值标准而已；而要把国内的标准加以调整，使它能够在物价指数上保持稳定，却是一个还从未投入过实际运行的艰难而科学的新举措。

近来，有这样一个很有趣味的例子，可能更多的是出于机运而非有心的设计：有一个国家以汇率的波动为代价，而成功地获得了相对稳定的国家价格水平所带来的好处，这个国家就是印度。人们总是把目光集中在汇率上,以之作为对金融政策成功与否的检验,以致印度政府因其所作所为而受到严厉的指责,而无法有力地为自己进行辩护。在1919年到1920年的繁荣时期,世界价格一路飙升,卢比的外汇价值也被允许持续上升,其结果是,1920年印度价格指数达到峰值时也只比1919年的平均数值高出12%而已,而同期英国的这一数字则高达29%。印度通货委员会的报告公开承认,在像印度这样的国家,尤其是处在当时的政治环境之下,避免国内价格剧烈上涨是非常重要的。在这份报告里,我们可以看到,印度政府由于没有充分考虑到各种条件的急剧变化,其表现略显笨拙。事后来看,对印度政府的行为最为公正的批评也就是认为他们做过头了,竟然试图让卢比升值到2先令8便士——这个比率是印度通货委员会未曾预料到的。按照使印度的价格稳定在1919年水平的标准,印度之外的价格从未达到能够使它的汇率超过2先令3便士这样的高度。另一方面,当世界价格崩溃之时,卢比的汇率也被允许随之跌落,结果,1921年印度价格指数达到谷底时也还是只比1920年的最高值低16%罢了,而同期英国的这一数字则高达50%。表1给出了详细的数字:

表1

	印度的价格	英国的价格[①]	以英镑表示的卢比价值	
			购买力平价	实际汇率
1919年的平均值	100	100	100	100
1920年的最高值	112	129	115	152
1921年的最低值	95	65	69	72
1922年的平均值	90	64	71	74

注:① 《统计学家》。

如果印度政府成功地把卢比兑英镑的汇率稳定下来,那么,他们一定会把印度处在比英国的情况还要具有灾难性的价格波动之中。无论如何，支持把恢复固定汇率作为一个有待争取的目标，这样一个考虑欠周详的主观臆说，还需要对之再加以比一般情况下更深入一些的探察，方为妥当。

尤其是，在大多数国家采取同样的本位制度这一愿景得以实现的希望仍然极为渺茫的情况下，对这一主观臆说就更加需要做出进一步的深入分析了。如若采取了金本位制度，在这个世界上，任何的其他本位制度都将会显得孤僻、反常之时，我们即可与几乎全世界所有的国家保持稳定的汇兑关系了。到那个时候，价值稳定、使用便利这样的优点，就会助长保守派偏爱黄金之心。尽管如此，即便是这种情况出现，在我看来，带给商人们的便利以及人们对贵金属原始的热爱之心这两个方面也未必具有足够的力量，能保得住黄金王朝的江山不动摇，如若没有其他的、半偶然性的事实加以支持，这一切都还是不足够的；这一事实就是，在过去很多年来，黄金所提供的不仅是一个稳定的汇率，而且从整体上看来，背后还有一个稳定的价格水平在由它维系。我们如今必须要在稳定汇率和稳定价格之间做一抉择，二者孰优孰劣，着实令人难辨；这原本在过去并不是什么了不起的问题，但是，后来南非的金矿被发现，并得到了开发之后，情况就大为不同了，此时，我们似乎面临着的是一个价格水平不断走低的局面，这个时候，金本位制度和价格稳定两者之间的关系开始趋紧，产生了严重的矛盾，当时对复本位制度问题的争论，其程度之激烈，也反映了由此所激起的不满情绪之大。

实际上，近年来，世界上不同国家的价格水平之间，产生了如此之大或如此之突然的分歧，在这种情况之下再用战前的体制来调节黄金的国际间流动是否能够胜任，尚在未知之数，本身值得画上一个大大的问号。在战前的体制下，一国与他国之间的汇率确定之后，国内价格水平就必须要向这一标准自相适应（也即主要是在国外影响的支配之下）。这种体制的不足之处在于，行动往往比较迟缓，敏感度远远不够，操作模式反应迟钝。在战后的体制下，价格水平主要决定于国内的影响（即国内货币与本国的信贷政策），而此时本国与他国的汇率就必须向这一标准自相适应；这种体制的不足之处在于，发生影响作用时往往过于迅捷，敏感度过高，其结果是，即便只是一时的、偶然的原因，也会引发剧烈的变动。尽管如此，一旦波动突然来临，其势汹汹时，迅速地予以反应，从而保持均衡之态势，则是不可或缺的；战前的方式之所以无法应对战后的局面，正在于这种对于迅速反应的要求，正是这种要求造成了这种时移世易的结果，这也就使得每个人对公布最后确定的汇率这个问题，满腹狐疑，忧虑难安。

  对于战前方法在取得其结果方面的因果关系链条，我们是很熟悉的。如果黄金从一国的中央储备中流出，这就会改变贴现政策和信用创造，而使对信用条件的宽松最为敏感的那一类商品的需求受到影响，也因此会影响到这类商品的价格；通过对这些商品的价格变化，又会把它的影响扩及所有商品价格上，其中就包括那些进入到国际贸易中的商品，一直到在新的价格水平上国外商品在国内开始显得昂贵，而国内价格在国外变得便宜时为止，然后重新调整，直到达成均衡。但是，这个过程靠它自己完成可能需要数月之久。目前的情况则是，在补偿力量来得及运转之前，黄金储备可能已经流空，这是极为危险的。此外，相较于其对国内价格的影响上，利率的上下变化对吸引国外资本或鼓励对外投资方面效果更大。如果这种不均衡的情况完全出于季节性的原因,这绝对是一件好事;因为在淡季和旺季之间外国资金的流入流出,比起价格的上下浮动,要好得多。但是,如果这种不均衡的情况乃是由其他更长期的原因所引起,即便在大战之前,这种调整也可能不是多么地为人所期许;这是因为,对国外贷款的刺激尽管可以暂时地恢复平衡,但是可能会掩盖实际情况的严重程度,使一个国家冒着最终崩溃的风险,在其资源可以支持的范围之外,苟延残喘相当长的一段时间。

我们把它与这种战后的方法来比较一下。如果在现行汇率之下,外汇市场在上午供应的英镑数量超过了所供应的美元数量,那么,在一个固定的价格水平上,就没有黄金可供出口,从而来弥补这一缺口。结果,美元汇率必然会发生变化,直到在新的汇率下,两种货币用于彼此交换的数量恰好平衡。但是,这会产生一种不可避免的结果,那就是在半个小时之内,进入到英美贸易中的商品——如棉花和电解铜等——之相对价格,就会相应地自我进行调整。除非美国的价格也跟着发生变化,英美两国的价格在中途相遇,否则的话,英国的价格就会顺应汇率的变化而迅速上升。

汇率的变动不居,意味着政治和情感方面的哪怕是稍纵即逝的影响作用,以及季节性贸易不时产生的压力,都可以把相对价格给搅乱到不堪的境地。但是,这也同样意味着,不管什么样的原因致使国际支付失去平衡时,调整汇率总不失为是一项最为快速、也最有力的校正手段,而当国家对外支付过多,以致超出其资源的承受程度时,这也是一种卓有奇效的预防方法。

因此,当国内价格水平和国外价格水平二者之间原来存在的平衡遭受了猛烈的冲击时,在这种局面下,战前的那种方法在实践上可能会不再有效，原因在于，它无法**足够迅速地**对国内价格水平进行重新调整。从理论上讲，假如可以让黄金不受限制地加以移动，知道价格的涨跌达到了所必需的程度，那么，这种战前的方法迟早总会奏效。但是，实际上黄金是作为实际的通货或实际通货背后的贵金属支撑，对于它的流入流出，在比率上，在数量上，一般来说总是有一定的限度的。如果货币或信贷的供给在速度上缩减得比在社会和企业的安排之下所允许价格下降的程度还要大，那么，其结果只能是无可忍受的困难局面的到来。也许，中世纪晚期货币史上零星散布的铸币成色减低的事件，正是由类似的原因所造成。在发现新大陆之前的漫长历史时期当中，由于贵金属缺乏充裕的新的供应，而且还不断地流往东方，在自然损耗之下，它在欧洲变得越来越稀缺；所导致的结果是，相对于欧洲，（比如）英国的价格一再攀升，停留在非常之高的水平之上。由此所带来的白银外流趋势，可能还受到了某些特别的短期原因所强化，使得民怨沸腾，大感"通货短缺"，实际上这说明货币的外流在速度上要快于在社会组织的安排之下所允许价格下降的程度。无疑，降低成色确实也会附带着使困窘的财政部门得到好处，因此，有些降低铸币成色的事件正是基于此才得以发生。但是，不管怎么说，这都毕竟算得上是解决货币问题最佳的权宜之计。[1] 如果我们把爱德华三世的降低英镑货币成色的政策看成是这样一种方法，它可以把那种偏爱国内价格的问题甚于汇率的稳定之态度付诸实施，那么，我们就会用一种更为宽容的眼光来看待这些政策举措。我们应该把这位君主当作欧文·费雪教授的启蒙先驱来加以歌颂，他比费雪教授更值得庆幸的地方在于，他有机会将自己的理论付诸实践，二者只有这一点

---

[1] 参看霍特里，《货币与信贷》，第十七章。

差别。

此外，读者还应该注意，贴现政策在一种制度下所起的作用和在另一种制度下所起的作用并不相同。在战前体制下，贴现率是恢复国内价格和国外价格之均衡过程中的重要一环。而在战后体制下，贴现政策就不再是同样不可或缺了，因为即便没有它的帮助，汇率的波动也可以带来均衡结果——当然，如果我们意欲实现一种理想的价格和汇率水平，贴现政策仍然不失为是一种可以对国内价格施加影响，以及透过它而影响汇率的工具。有没有这种政策，价格和汇率水平是不一样的。

III. 金本位制度的恢复问题

截至目前，我们所得到的结论是，当国内价格水平的稳定和对外汇率的稳定，二者无法兼顾时，大体上来说，前者更为可取；而如果偶然遭遇到在二者之间进行取舍的两难之境时，可能比较幸运的一点是，为保全前者而牺牲后者，是遭受抵制最少、最便利的一个方法。

恢复金本位制度（而不论是按照战前的平价，还是按照其他某一比率），当然不会使我们的国内价格水平达致完全的稳定态势，即使所有其他的国家都恢复了金本位制度，也只能使我们取得汇率上的完全稳定局面。因此，恢复这一本位制度是否明智，整体而言，取决于它是否能使我们在国内价格水平稳定和汇率稳定这两个理想目标之间，取得一个可行的、最为适当的折中方案。

那些赞成金本位制度，而不主张实行更为科学的其他本位制度的人，其理由乃是建立在以下两个论点之上：一来，黄金提供的是一种相当稳定的价值标准，过去的实际情况是这样，因此将来也仍然会是这样。此外，由于货币管理当局过去实际上的表现一贯地缺乏智慧，因此对于通货的管理，早晚也不会有什么好结果。在这一点上，保守主义和怀疑主义携起手来，结合到了一起，它们常常都是这样的，相伴而生，彼此结合。可能这里还有着某些迷信的成分在；因为黄金附着在其色泽和形态上的魔力，迄今尚未丧失。

在十九世纪风云变幻、纷繁芜杂的世界里，黄金在保持其价值的稳定方面能够独善其身，取得相当的成就，的确令人感到有些不可思议。在澳大利亚和加利福尼亚发现金矿以后，黄金的价格逐渐下跌，已到了危险的境地；而在南非的金矿得到开采之前，黄金的价格逐渐上涨，又已到了危险的境地。然而，在这每一次的危险当中，它却总能化险为夷，保全自己的信誉。

但是，未来不一定是过去的重现，世易时移，情况会大为不同。大战之前，种种特殊的情形，使它得以保持着这样一种均衡态势，但是我们却并没有什么充分的理由可以相信，这种均衡态势于此之后仍将继续保持。要想明白这一点，我们就应当先来分析一下，黄金何以能够在十九世纪表现得如此令人感到满意，其基本原因到底又有哪些呢？

首先，有关金矿的发现这个方面的进展，恰好与其他方面的进展步调上大体一致。当然，这种一致并不是完全出于巧合，因为在那个时期的进展，其特征就在于对地球的表层逐步进行开发，在那样的情况下，较为偏僻地区的金矿矿床逐渐暴露在世人面前，也是在情理之中的事。但是，这样的历史阶段现如今已经差不多结束了。距离最近一次发现重要金矿矿床，已经过去了差不多四分之一世纪的时间，从那以后，一直到现在，再无重要金矿发现的消息出现。此后在物质上的进步，将取决于科学与技术知识的发展，由此对金矿采掘行业造成的影响也许是时断时续的。采掘黄金之法，也许会历经多年而仍然没有什么重大的改进。过去人们曾做过许多的美梦，希望能够把贱金属变成黄金；也曾出现过许多的骗局，说可以从海底捞取黄金；未来也许真的会出现一位天才的化学家，将这类幻想一一变为现实，也未可知。总之黄金既可能会很昂贵，也可能会很廉价。但不论在哪一种情况下，期待着出现一系列的偶然事件，使黄金的价格趋于稳定，这样的想望未免有些过分了。

但是，还有另外一类影响，过去常有助于黄金价格的稳定。黄金的价值并不取决于人类之中某一个单一的集体之政策或决策；所供给的黄金中，有相当大的比例并未在市场上呈泛滥之势，而是流入到了工艺领域，或流入到了亚洲而被贮藏了起来，这是因为黄金的边际价值是在这种金属与其他事物相对照时，由稳定的心理估价所支配的。这就是所谓的黄金具有"内在价值"，而可以免于作为一种"管理"通货的那些危险。决定黄金价值的那些影响，有着**诸般独立的**因素，这本身就可以被视为一个稳定因素。世界上众多发行货币的银行，皆以黄金为储备金，其间的比率上所存在的随意性和变化无常，并没有就此而形成了一种难以捉摸的因素，实际上，这一点就其本身而言就是一种稳定性因素。因为当黄金的供给比较充裕，流向这些货币发行银行相对比较踊跃时，这些银行就可以把黄金准备金率略加提高，以此来从容不迫地对黄金的增量加以吸收。当黄金的供给相对不足时，这些货币发行银行也从来未曾打算把黄金准备金用在其他任何的实际目的上，如此一来，其中的大多数银行对这一变化犹可处之泰然，把黄金准备金率适当下调，也同样可以应付裕如。在南非战争结束到1914年之间的这一段时间，非洲南部的黄金产量，大部分流入了欧洲以及其他地区的中央银行，而成了各中央银行的黄金准备金，对价格发生的影响微乎其微。

　　但是，这次大战却引起了极大的变化。黄金自身已然成为一种"管理"通货。西方如今也和东方一样，学会了贮藏黄金；但美国积贮黄金的动机，跟印度又大为不同。现如今大部分国家都已经放弃了金本位制度，若然这种贵金属的主要使用者以实际使用为量度来保有它，那么世界上黄金的存量就会大大过剩。美国没有能够让黄金下跌到"自然"价值上来，是因为它无法应付由此造成的黄金标准价格下跌的局面。因此，这就使美国不得不采用一种代价高昂的政策，把矿工们在南非千淘万漉、辛苦采掘出来的结晶体，重又深藏到了华盛顿的地下室里。结果，现如今黄金的价值完全出于"人为"，从此之后，它的未来走向几乎将完全取决于美国联邦储备委员会的政策。黄金的价值，不再是造物主主宰之下的产物，它已经不受时运的支配，也不再由众多独立行动的政府当局和个人所决定。即便其他各国逐渐恢复了金本位制度，这种情况也不会有什么太大的改变。现在的趋势是采用某种变相的金汇兑本位制，黄金这种物什在人们的钱袋里将会永远销声匿迹，在这样的情况下，就金本位制度下的各国的中央银行真正**必要的黄金准备金**而言，其需求量将大大低于现有的黄金供给量。因此，黄金的实际价值将取决于那么三到四个最强的中央银行的政策，而无论这几家银行的行动是独立还是彼此一致的，都是这样。否则，有关黄金在准备方面以及流通方面的使用，如果恢复到战前的传统方式上去——在我看来这方面实现的可能性要比前一方式下小得多——那就会像卡塞尔教授所预测的那样，黄金或许会出现严重的不足，其价值也将逐步提高。

美国或许会通过不再由铸币厂吸收货币这种办法，从而使得黄金丧失其部分的通货资格，这种情况发生的可能性我们也决不能忽视。美国目前所实行的无限制接受黄金输入的政策，作为一项临时措施而言，也许可以认为是有它的理由在的，它能够让我们保持传统上的习惯，增强安然度过过渡时期的信心。但是，如果把这种措施作为长远的计划，那就不得不说这是一种愚蠢的浪费之举。如果联邦储备委员会意在将美元价值维持在一定的水平之上，而不管黄金的流入或流出，那么，它继续不断地吸收黄金，而这种贵金属对于它是既无需要，代价又无比的高昂，如此举动到底有什么意义可言？如果美国的铸币厂不再吸纳黄金，那么，除了这种金属的实际价格之外，它在其他所有方面的活动，就仍然和之前完全一样，一切如常。

因此，对于未来黄金价值的稳定性所存的信心，取决于美国在这方面的态度：它也许会采取愚蠢透顶的下下之策，继续吸纳黄金，而这黄金对它来说实在并不需要；也许它会变得聪明一些，吸收了黄金之后，还使这些黄金维持在某一固定的价值水平之上。公众对此完全是一无所知，而联邦储备委员会则了如指掌，在这两方的共同研商之下，或许我们可以得识事态的真容。但是，形势一日三变，极不稳定；对于那些关于将来要采取哪一种本位制度仍然处在观望之中的国家来说，局势不容乐观。

对于那些主张恢复绝对金本位制度的人们来说，上述关于黄金稳定问题的前景之讨论，可以部分地回答他们提出的第二个主要观点，即认为这是避免"管理"通货危险的唯一办法。

世故精明的人们，饱尝过往的经验教训，很自然地会认为，此时最为紧要的是确立一种跟财政部部长和国家银行均无瓜葛的价值标准。当前的事态为政治家们的无知和轻浮提供了极为充裕的表演空间，极有可能由此而造成经济领域内颇具破坏性的后果。我们现在会感到，政治家和银行家们在经济和财政方面的素养所具有的总体水平，要使具有创新性的规划能够在他们手里顺利进行而没有大的瑕疵，几乎是没有什么希望的事情。实际上，之所以要努力地稳定汇率，这其中一个主要的目标，就是要限制住财政部部长们的活动，不让他们再自作主张地折腾下去。

这些就是人们对新的举措犹疑不定、畏葸不前的原因所在。人们不过是根据其过去的经验，来评判这些政治家和银行家的能力，但是据此来做出这样的评判，却有失公道。我们过去所经历过的那些非金属本位制度，无论我们把它们说成是什么，这些制度都不是在冷静的态度之下所做的科学试验。对它们的采用，就其事实而言，均非得已，都是战争或税收膨胀所造成的结果，当是时也，国家财政已然陷入崩溃之境，或者已经完全失去了控制当时局势的能力，采取这样的措施，只不过是在迫不得已之时所采取的最后手段罢了。在这般情势之下，这样的举措成为灾难来临的伴奏曲和前奏曲，实在是自然而然的结果。但我们不能据此就推断出在正常情况下采取这类措施的后果。我就看不出对价值标准的调节是一件多么难以处理的事，因为其他许多别的任务和这类举措相对比时会发现其社会必要性要低得多，而我们也都成功地完成了，那么，我们为什么就不可能成功地做到这件事呢？

如果真有那么一位高高在上的神灵眷顾着黄金，或者说，如果造物主真的已经为我们预备下了一套现成的、稳定的本位制度，那么，我是绝不会在对它略加改进之后就试着把这套制度交到银行董事会或政府手中进行管理的,它们很可能会因为自身的弱点或愚昧无知而把事情给办砸了。但是,事实情况并不是这样,我们的假设不是现实,并没有这样现成的本位制度存在。经验表明,每当危急关头,我们是无法限制财政部部长们的活动的。而至关重要的一点是,在现代世界,到处都是纸币和银行信贷的天下,面对"管理"通货,我们无处可逃,这种情况并不会因为我们喜欢还是不喜欢而有所改变;纸币是否能够兑换成黄金,并不会改变黄金的价值取决于中央银行的政策这一事实。

对于前述的最后一点,值得我们稍做深思。它与我们在大战之前所学习和教授的黄金储备原理大相径庭。我们过去常常这样认为,没有哪一家中央银行会如此铺张无度,保有超过其需要的黄金数量,也不会有哪一家中央银行会如此轻率不智,让它的黄金储备低到它应该保有的数量以下。黄金会时不时地作为货币进入流通领域,或者被运送到国外;经验表明,这些地方所需要的黄金数量与中央银行的负债大体相合。为了预防万一,也为了提升公众的信心,银行方面必然会把准备金的比例提得更高一些;而至于信贷的扩张,则应主要参照这一黄金准备比率,随时加以调节。就拿英格兰银行来说吧,在黄金大潮的起伏之中,它也随之而动,并不横加阻遏,听任黄金流入流出,让它产生"自然的"结果,不使任何有关阻止价格造成影响的观点对它有所抑制。但是,在大战之前,由于人为的因素,这种体制已然有些不够稳定。随着时间的逝去,黄金准备率的这个"数值"逐渐与事实脱离了关系,而基本上成了一种因袭的常规。某一个其他的数值,无论是比现在这个比率高还是低,原也皆可同样胜任。[1]是大战打破了

---

[1] 可以参看我早在 1914 年就曾谈及于此的文章,原文载于《经济学刊》,第 XXIV 卷(24 卷),第 621 页。

这一因袭的常规；原因在于，黄金退出实际流通领域，摧毁了处在这一常规背后的一个现实因素，而纸币的不可再兑换成黄金，又摧毁了另外一个因素。这个时候，根据黄金准备金率这个已然失去其全部意义的数值，来对银行利率进行调节，就实在有些荒谬不堪了；过去十年，已经演现出来了新的政策。现在的银行利率，无论其如何不够完善、如何存在缺陷，都是为了企业的稳定和价格的平稳而被用来调节信贷的扩张和紧缩的。而至于用它来取得对美元汇率的稳定，则是战前政策的遗风所致，要知道这一目标与国内价格的稳定这个目标彼此是不一致的，所以这样做，乃是希望在这两个不相一致的目标之间取得某种折中。

那些支持恢复金本位制度的人们，对于我们在实践中已经不知不觉走上不同的道路，而对原来的方向有所漂移这样的演变状况，不一定有着充分的了解。如果恢复金本位，那么，关于银行利率，是不是也要回归到战前的概念上去，让黄金的跌宕起伏按其所喜而对国内价格水平任意摆布、玩弄花巧。再者，关于信贷循环对价格稳定和就业的严重不利影响，是不是也将听任自然，不再从中做出努力，加以节制呢？又或者，我们是不是还要继续对现有政策的种种创新举措试验和发展下去，从而对"银行黄金储备率"置之不理，还是如果有必要的话，让黄金准备金堆积起来，使之远远超过实际的需要，或者就让它减少下去，远远低于必要的储备量呢？那些支持恢复金本位制度的人们，到底是不是这样的想法？

说实话，金本位现在已经是野蛮遗风的残余了。我们所有这些人，从英格兰银行总裁以降，现在所主要注意的是该如何保持企业、物价和就业的稳定，当这些选择使我们陷入两难之境时，我们决不会刻意牺牲其中任何一个方面来迁就那过时的教条，那种东西过去曾值每盎司3英镑17先令1.5便士，又何必理会。那些主张恢复金本位制度的人们没有观察到，这个制度离我们的时代精神和时代要求，相去已是何其之远。一种在管理之下的非金属本位制度，已经在人们不注意的时候悄然溜了进来。**这种本位制度已经赫然成为事实**。就在经济学家们打瞌睡的当儿，那个百年来学术上的梦想，脱去了它那峨冠与华服，穿上破衣烂衫，在离经叛道的财政部部长们引导之下，悄然进入了现实的世界，这些部长们时常因此而受到指责，但是这比起那种循规蹈矩、墨守成例的作风，却总是要有效力得多。

正是由于这些原因，那些主张恢复使用黄金的开明之士，例如霍特里先生，[1]才不欢迎黄金复归而重新成为"自然"通货，这些人士坚决主张要把它变成"管理"通货。他们只允许黄金复归之后，成为一名宪政君主，把它在古时候的专制权力一概褫夺，强迫它接受银行主导的国会所形成的意见。那些起草热那亚决议中有关通货部分的人士，盘踞在他们脑海中的，主要也就是霍特里先生对黄金问题所坚持的主张。他是这样打算的，"各发行货币的中央银行彼此之间应保持持续的合作关系"（决议第三条），应把以金汇兑本位制度作为基础成为国际间的通例，"目的是在于防止黄金购买力过度波动"（决议第十一

---

[1] 即拉尔夫·乔治·霍特里（Ralph George Hawtrey, 1879—1975），英国著名经济学家、货币银行理论家，凯恩斯的密友。他出生在英国斯劳夫，1898年进入剑桥大学三一学院学习数学，曾到美国哈佛大学任客座教授，1919年，他曾任英国财政部财政调查局局长。他是英国皇家学会会员、伦敦大学荣誉经济科学博士、剑桥大学三一学院荣誉院士，并于1956年被英国女王加封为爵士。主要著作有：《商业的盛衰》《商业和信用》《货币改造问题》《商业萧条及其出路》《资本与就业》《工资政策的自相矛盾的目的》《收入与货币》等。其中《货币改造问题》是他于1922年所写的一本关于一战后重建货币体系的专著。——译者注

条)。[1]但是，霍特里先生并**不**赞成在不管"对于黄金购买力将来出现的困难是否做好了防护准备"的情况下，就来恢复金本位制度。他也承认，"国际间的合作是很不容易推动的，如果无法做到这一点，那么目前最明智的做法，似乎应该是集中力量于英镑之上，确保英镑对商品的稳定，而不是把英镑绑缚在对一个前途变幻莫测之金属的关系之上。"[2]

面对这一类的主张，我们很自然要问的是，把黄金这件东西扯到这个计划里来，又是何必呢。很显然，之所以霍特里先生支持这种折中主义的路线，主要还是出于情感和传统势力的影响，英国人宁愿把君主的权力一概剪除，可不愿把君主本人送上断头台。但是这一点他可没有言明，而是另外列举了三点理由：(1) 必须用黄金作为一种流动储备，来清算国际债务；(2) 在不与旧制度完全脱离开关系的情况下，在这样的计划下可以进行实验；(3) 必须对黄金生产者的既得利益加以照顾。不过，这几个方面在我自己于下一节所给出的建议中基本上都会谈到，所以这里暂且不做深究。

另外一方面，有些人对国际合作而维护秩序，抱持着虔诚的希望，希望以此来恢复金本位制度，我却认为，这种想法本身即存在着严重的缺陷。在世界黄金储备的现行分配状态之下，若是要恢复金本位制度，那么，就意味着我们将不可避免地丧失了关于价格水平的调节以及信贷循环的处理这些方面的主权，将它拱手让给了美国联邦储备委员会。即便联邦储备委员会与英格兰银行之间建立起了最为亲密、最为诚恳的合作关系，但是，在权力方面美国联邦储备委员会也

---

1 《货币改造问题》(*Monetary Reconstruction*)，第132页。
2 同上书，第22页。

仍将会占尽优势。联邦储备委员会大可以不把英格兰银行放在眼里而我行我素。但是，如果英格兰银行竟敢不把联邦储备委员会放在心上，那它就要吃尽苦头了，随着情况可能发生改变，黄金的储存量很容易就会出现过剩或不足，英格兰银行对此是束手无策的。此外，我们事前即可以肯定的是，一旦出现这样的局面，美国人必然会猜忌有加（因为这正是美国人的性格特点），会认为英格兰银行为了英国的利益，而干预他们的政策，或是对美国的贴现率进行操纵。到那个时候，世界上过剩的黄金储备量可能会蜂拥而至，徒然增加我们的费用负担，对此我们不能不未雨绸缪。

在当前的环境下，贸然实行金本位制度，把我们行动的自由权利拱手让与给美国联邦储备委员会，实可称得上是轻率鲁莽之举。在危急关头，如何勇敢、独立地采取行动，对此我们尚且缺乏足够的经验。联邦储备委员会正在努力追求的目标就是如何摆脱来自局部利益方面的压力；但是，它能否全部实现其目标，在我们仍然是一个未知之数。它仍然有可能屈服于低息贷款运动的威力之下。这个时候，如果联邦储备委员会对英国的行为产生疑虑，那么它的地位决不会因此而得到加强，恰好相反，这反而会大大削弱它在抵御民众的鼓噪方面的地位。除此之外，如果英美两国采取了相同的政策，撇开政策上的弱点和错误所引起的不良后果之外，这样做对双方是否一定有利，也同样是一个未知之数。在大西洋的两岸，关于信贷循环和企业形势的发展，两地之间有时会出现云泥之别。

由是观之，我以为，价格、信贷和就业的稳定，方才是重中之重，而对于那已然过时良久的金本位制度，我却毫无信心，它过去确也曾对经济形势的稳定有所贡献，然而，时过境迁，一切都不同了，这一制度在今天是否仍然能够略有微劳，我表示怀疑，因此，我反对恢复战前的那种金本位制度。同时，对于霍特里先生所建议的方式，让我们和美国一起来"管理"金本位制度，此法是否可取我亦表示怀疑，因为关于旧的制度下许多的弊端，它仍然未能摆脱，而原来的一些长处反而不见了，而且，这一方案还将会使我们过于依赖美国联邦储备委员会的政策和意图，不得不屈身事人，仰人鼻息。

第五章 关于将来如何调节货币的正面建议

一个健全而富有建设性的货币调节方案,必须具备以下条件:

1. 调节通货和信贷供给的方法,其目的是尽可能地使国内价格水平保持稳定。

2. 调节外汇供给的方法,是为了避免由于季节性或其他原因所引起的纯粹属于暂时性的波动,而不是由国内价格水平与国外价格水平之间的长期失调所引起的那类波动。

我相信,在英国,最为接近这一理想体制,也最容易达到这样一个理想制度的办法,就是对实际在运行的那种制度加以接受,这种制度是在战争开始之后一半是出于偶然而成长起来的。如果我们把这种一般性的思想在英国应用的情况予以详加说明之后,那么,只需要略加修改,就可以将它运用到其他国家的情况上去。

I. 英 国

大体上来说,当下实际在运行的体制是这样的:

(1) 国内价格水平主要是银行创造的信贷所决定的,其中基本上是五间大银行在掌控。即便处于萧条时期,如果公众所持有的实际余额扩大，为了维持既定的价格水平（该价格水平与第三章中所解释的内容是一致的），所创造出来的信贷数量必然会比实际余额减少的繁荣时期所要求的为多。

如此创造出来的信贷数量，反过来基本可以由银行存款的数量来衡量——因为银行存款总量的变化一定是和它们的投资、所持票据和预付款项的总量之变化相对应的。目前，没有任何一种先验的必然原因，可以解释何以这些银行的存款与它们"自己持有的和存在英格兰银行的现金"之间的比例应该不会根据不同的环境而在一个幅度相当之大的范围上下波动。但是，实际上这些银行通常是按照拇指法则确定这一比例的，与它们预想的"比例"大小差别不是很远。[1] 近年来，它们总存款总是九倍于其所拥有的"现金"。由于这就是通常人们所认为的"安全的"比例，所以，如果某家银行所持有的现金比例低于此一水平，就将有损于这家银行的声誉，而在另一方面，如果把所持有的现金比例提高到这一水平之上，则又不利于它的盈利能力。因此，银行总是想尽办法，按照上述标准所允许的限度，对它们以各种形式（投资、所持票据和预付款项）创造出来的总信贷规模进行调节；从中我们可以知道，它们以纸币和现钞形式所持有的现金，再加上它们在英格兰银行的存款，这一数额的大小基本上就决定了它们所创造出来的信贷规模。

1　从1921年1月起，合作股份银行每月公布其收益。除了在对为期半年所做的报告中那些为了稍微"装点门面"所做的临时调整之外，在"现金"对银行存款的比例上，最大的波动范围也不过是在11%—11.9%之间，而预付款对银行存款的比例，其最大的波动范围也只是在41.1%—50.1%之间。这些数字包括了两年半当中各种不同条件下的情况。个别银行的这些"比例"彼此可能不同，而且上述的数据也只是一个平均的结果，不过，由于每一家大银行在其自身的政策方面往往极为稳定，所以，这也可以确保上述数据的稳定性。

因此，为了继续推进这一因果链条，我们必须就到底是什么决定了其"现金"规模的大小进行考虑。这一规模的大小只能以下面三种途径来加以改变：(a) 公众在流通中需要更多或更少现钞，(b) 财政部从货币账户增加或减少借款，以及 (c) 英格兰银行增加或减少其资产。[1]

为使我们的论述更加完备，有一个迄今仍未提到的更深一层的因素，必须要在此加以介绍，这就是：(d) 银行以国库券的形式持有的第二道储备所占有的比例，这道储备可以近似地作为现金来看待。在确定到底多少才是安全的"现金"比例上，他们对于自己所持有的国库券的数量还是颇为重视的，这是因为，通过减少对国库券的持有量，他们可以马上增加其所持有的"现金"，并且迫使财政部从货币账户或英格兰银行借入资金。上文所提到的"九倍"比例有一个预设的前提，即只持有最低限度的国库券，而且如果连这个数量的国库券都不能充分取得，那么，"九倍"这个比例数可能就得进行修改。不过，因为银行反过来也会受到来自财政部的压力，所以，第 (d) 个因素也很重要。只要财政部把存款人手中的资源吸收到自己这里——不管是通过税收还是通过给他们提供具有吸引力的更长期的贷款——而且用这些资源来支撑相关的支付，如果不是财政部从英格兰银行的短期借款（这会减少银行的第一道现金储备），那么银行自己持有的国库券就是一种替代性的办法（这会减少银行的第二道国库券储备）。

因此，(a)、(b)、(c) 和 (d) 四条多多少少解决了我们的问题。不过，根据此处的论证目标，对于 (a)、(b) 两条无须给予太多关

---

[1] 因为以存款和流通中的货币形式存在的总负债，自动地取决于其资产的总量。

注,因为它们的效应主要又反映在了(c)和(d)中。(a)部分取决于贸易量,但是主要取决于价格水平本身;实际上(a)的波动并不**直接**影响银行的"现金",因为如果(a)需要更多的货币的话,就会出现货币增发,然后,财政部相应地会向货币账户增加借款,在这种情况下,财政部或者是对英格兰银行进行偿付,这会减少银行资产,进而减少其他银行的"现金",或者是提出数量相当的国库券,这会减少其他银行的第二道储备;也就是说,(a)中的变化是通过(c)和(d)来对银行资源发挥作用的。[1] 而至于(b),财政部从货币账户的借入量之变化,在相反的意义上,反映在它所借入的财政短期借款或国库券上的变化。

因此,我们只需要集中关注(c)和(d)两条,把它们当作价格水平的主要决定因素就可以了。

现在先来看(c),也就是英格兰银行的资产,(就其可变部分而言)这些资产由以下几项构成:(i)财政部的短期借款,(ii)金边证券和其他投资,(iii)客户贷款和汇票,(iv)黄金。因此,这些项目当中任何一项如有增加,都会提高其他银行的"现金"水平,由此产生信贷创造的激励,而提高价格水平;反之则相反。

再来看(d),也就是银行所持有的国库券,它取决于财政部的支出超过从以下各项所得的收入部分:财政部(i)通过税收和借贷手段从公众那里所得到的收入,(ii)从英格兰银行所取得的短期贷款,(iii)从货币账户中所借入的资金。

由此可知,合股银行创造信贷的能力主要是受英格兰银行和财政

---

[1] 如果增发的货币可以通过从英格兰银行转移出黄金来实现,那么,这就只不过是另一种减少英格兰银行资产的方式。

部的政策和措施所辖制。搞清楚了这些，(a)、(b)、(c) 和 (d) 也就都搞清楚了。

这两大权威机构能够在多大的程度上控制它们自己的行动，又在多大程度上可以继续扮演其听之任之的角色呢？据我观之，如果它们选择这种控制权利，那么控制权基本上就会握在他们手中。先说财政部，很显然，它可以从公众那里提走货币以偿还浮动债务的程度，取决于利息率以及其所准备提供的贷款之类型。一旦财政部无法以某种合理的条件继续募得资金，那么，这就到达了限度。但是，在相当之大的区间之内，财政大臣和下议院是可以就财政部的政策进行决策的。在足够宽泛的范围之内，如果与财政部联手，则英格兰银行也可以把整个局势把玩于股掌之间。她可以任意地增加或减少投资，通过从一国买入，或者向他国卖出，她还可以随意地增加或减少对黄金的持有量。而至于预付款和国库券，由于它们的数量并不受即时或直接的控制，所以需要通过改变价格——即银行利率——才可以实施充分的控制。[1]

因此，如果说价格水平——也可以说是汇率水平——最终取决于

---

[1] 我们通常假设银行利率是**单一的**管理要素。但是，银行利率只能通过它对 (c)——即英格兰银行的资产——的反应来发挥作用。以前，它可以相当直接地对 (c) 的两个组成部分发挥作用，也即 (c)(iii) 客户贷款和汇票及 (c)(iv) 黄金。现在，它只能对其中之一起到作用了，这就是 (c)(iii)。但是，(c)(i) 财政部对这些银行的短期借款和 (c)(ii) 这些银行的投资，这两个部分的变化也常常几乎可以同样有力地影响到信贷的创造。这样一来，一个较低的银行利率就会基本上被 (c)(i) 或 (c)(ii) 的同步减少所中和，同样，一个较高的银行利率基本上会被这两者的同步增加所缓冲。事实上，英格兰银行完全可以通过买卖证券使货币市场更加明确地服从于自己的意愿，这比其他方法都要好；而在自我运行并且在没有得到 (c)(ii) 刻意地数量变化之协助的情况下，银行利率的功用会因实际当中所存在的对浮动自由的限制，而大打折扣，而且其上下浮动的幅度也会受到限制。

英格兰银行和财政部在以上这些具体方面的政策，此言大体不错；尽管如果其他银行强烈地反对官方的政策，它们也可以阻止或至少在一定程度上延迟这些政策的实施，条件是它们打算偏离惯常的现金比例。

（2）以货币或银行券的形式表现的现金，是可以随意地予以供应的，例如，可以按照所创造的信贷数量以及在上述第（1）条的情况下确立的国内价格水平所要求的现金量来供给。也就是说，这类现金的供应可以根据实际情况而定；从理论上来说，货币发行的极限早已确定，即前一年度实际达到的最大信托额。虽然已经对这一理论上的最大额做出了规定，但是实际上它一直不具有多少可操作性；同时，由于这条规则乃是从目前来看业已过时的学说中得来的，而且与那种最负责任的观点相左，所以，只要放开这一规则，使它变得富有操作性是完全可能的。这正是坎利夫委员会呼吁亟待改变的地方，除非我们刻意地期待进一步推动通货紧缩。一场萧条之后，生意兴隆、就业活跃的时节到来之际，人们对货币的需求必然增加，除非我们要刻意地打压这种复苏，否则的话，这种货币需求是一定要得到满足的，这一切不过是迟早的事情。

因此，今日之趋势——我认为这样是恰当的——就是密切关注和控制信贷的创造，让货币创造照着信贷创造做，而不是像以前那样，密切关注和控制货币创造而让信贷创造照着货币创造做。

（3）英格兰银行的黄金是不流动的，既不买也不卖。在我们的体系里，黄金并不起什么作用。不过，偶尔英格兰银行也会运上一批黄金，寄存到美国，以帮助财政部平衡它的美元债务。南非和其他地方的黄金通过种种渠道汇聚到此地，纯粹就像一种商品之于一个便捷的商品集散中心，大部分又重新出口了。

(4) 外汇不受管制，自行决定。日复一日，根据季节和其他非常规因素的影响，这些外汇的价格上下波动。正如我们所见，在很长的时期之内，它们取决于本国和外国分别采纳的信贷政策所造成的二者之间的相对价格水平。虽然在大多数情况下实际的事态确已如此，但是，这仍然还不是各国主管部门公开承认或一致认可的政策。把美元汇率固定在战前的平价之上，仍然是他们的热切期望；一旦考虑到国内价格水平和信贷政策的其他不同指向，这个时候，出于调控汇率之目的，提高银行利率的事情仍然可能发生。

简而言之——如果我过分地压缩了这里的论点，在此谨向读者致歉——当前的事态就是这样，它与我们战前的体制截然不同。我们将会看到，参照国内价格水平和其他那些有关国内信贷扩张不足或扩张过度的特征，而不是去参照流通中的现金数量（或银行的黄金储备数量）或美元汇率水平这类战前的标准，来指导银行利率和信贷政策，这样的理想做法我们实际上已经践行很久了。

1. 对于一项良好的建设性方案，我的第一点要求是，只能依靠根据更为审慎和自觉的方针发展我们现有的措施以求得到满足。财政部和英格兰银行一向是以维持对美元汇率的稳定（尤其在战前平价水平上的稳定）作为它们追求的目标的。它们是不是意在固守在某一点上，而不顾及美元（或黄金）的价值波动呢？也就是说，它们在英镑价格的稳定与美元汇率的稳定之间发生矛盾、不能兼顾时，是否会牺牲前者来迁就后者，在这一点上它们的态度并不十分明确。无论如何，我们的方案所要求的是，它们应当以英镑物价的稳定为主要目标；虽然，由这一点出发，并不会阻止它们与联邦储备委员会在一般政策上合作时把汇率稳定当做其第二目标。只要联邦储备委员会在保持美元物价稳定这一目标上是成功的，那么，保持英镑物价稳定的目标与保持美元英镑之间汇率的稳定之目标，就并无二致，二者之间了无抵触。我的建议无非是这样一种决心，即万一联邦储备委员会无法保持美元物价稳定，而此时英镑物价如果有办法保持稳定的话，那就不应只是为了守住固定的汇率平价关系，而让英镑也一头扎进漩涡之中。

如果英格兰银行、财政部和伦敦五大银行采用这一政策，那么，它们在调节银行利率、政府借款和商业贷款各个方面，又应当拿什么来作为标准呢？首先的一个问题是，这一标准应当是一种精密而准确的算术公式，还是应该根据现有的一切资料而对当前的情况做出的总体判断呢？主张价格稳定、反对汇率稳定的首创之人，乃是欧文·费雪教授，在他所提倡的"补偿美元"框架里就是拥护前者的，这种所谓的"补偿美元"是根据物价指数而自动调节的，用不着任何的评判或者鉴定。这个方法的优点在于，同战前的黄金准备制度以及黄金比率制度很容易彼此相融，他也许正是感受到了这种优点，所以才提出了这一建议。然而不管怎样，我都怀疑如此枯燥、僵硬的制度是否能够行之有效，本身是不是足够明智。如果我们等到价格变化实际上已然开始之后，再来采取措施，以求补救，或许已经太迟了。"我们要想办法应对的，不是**过去价格的涨势**，而是**未来价格的涨势**。"[1]在信贷循环的激烈过程中有一个特点，那就是价格的变动是累积性的，每一次变动都会达到某一点，从而推动在同一个方向上的进一步的变动。

---

1 霍特里，《货币改造问题》，第105页。

费雪教授的方法，用来对付黄金价值变动的长期趋势，也许还可以适应，但是对于危害更大的信贷循环的短期振荡，他的这个办法也是束手无策、无能为力。尽管如此，这种方法也未尝没有它的可取之处。如果能够编制一套正式的官方物价指数，对某一标准下合成商品的价格予以记录，由当局以这种合成商品作为价值标准，道明当局的意向所在，将使用一切资源防止价格的变动，无论在哪一个方向上，其变动范围不超过某一个百分率，就仿佛战前使用一切资源防止黄金价格的变动超过某一个百分率的情况一样；那么，在这种情况下，此一方法的缺点固然是在于它的行动颇为迟缓，一直要等到实际价格发生变动时方才会发生作用，但是它却可以提振信心，而成为一种客观的价值标准。至于构成标准合成商品内容的究竟是哪些商品，则可以根据各种商品在经济上的相对重要性，而随时加以斟酌调整。

以上我们所言，是以实际的价格变动趋势来作为管理当局决定其行动的标准的，而至于其他的标准，要牵涉到有关信贷循环的诊断与分析，对这个问题的充分讨论，则不在本篇文字的范围之内。我们对这一问题研究得越是深入，对于用银行利率或其他因素来控制信贷扩张的正确时间和方法方面，了解得就越是透彻。同时，我们也已经积累了很多一般性的经验，而且这些经验还在日益增长中，当局大可以根据这些经验，来做出他们的判断。当然，实际价格变动必然可以提供最为重要的数据资料；但是，就业形势、生产量、银行方面所感受到的有关信贷的有效需求、各种类型的投资的利息率、进入流通的纸币数量、对外贸易的统计数据以及汇率的水平，也都必须要一一加以考虑。主要的一点是，当局在自由使用这些资料时，应该以价格稳定作为他们的追求目标。

至少，我们应该尽量地避免（例如）晚近一段时期（英国）所采取的那类行为。正是因为这样的行为，当实际余额开始扩大时，"现金"的供给一度出现紧缩，这大大加重了最近这场萧条的严重程度。如果我们认识到现金供给紧缩之际，恰是实际余额下降之时，也就是说，如果价格上涨的幅度超过了现金量增长的比例，并且现金供给增加之际恰是实际余额提高之时，而不是看起来好像与我们当前的实践相反的其他情况，我们原本是能够在很大程度上缓和这种波动幅度的。

2. 我们的主要目的是追求价格的稳定，同时又希望取得汇率的最大程度上的稳定，那么，怎么样才能使得这两者在最为适当的情况下结合起来呢？ 既取得长时期的价格稳定，又取得短时期的外汇稳定，我们可以达到二者兼得这样的最佳境界吗？ 金本位制度的一个显著的优点在于，它可以克服汇率的过度敏感所带来的短期影响，这一点我们在第三章曾对之进行过分析。我们的目标如果可能就一定要继续保有这样的优点，而另一方面又要不使我们因黄金价值的巨大变动而随之波动。

我相信，如果英格兰银行把黄金价格的调节这一责任给担负起来，就如同它已经担负起来的调整贴现率的责任一样，那么，在这一方向上，我们就会前进一大步。我们要做的是"调节"，而不是"盯住不动"。对于黄金，英格兰银行应该制定一个购入和售出的价格，就像它在战前所做的那样，而这一价格可能要在相当长一段时期之内保持不变，这一点就和银行的黄金兑换比率一样。但是，这个价格不会一劳永逸地永远不变或者"盯住"某个水平不动，这一点又和银行黄金兑换比率的固定不变有所不同。假定银行的黄金兑换比率每周四早上对外进行宣布，与此同时，也把贴现债券的利率对外宣布，可与战前的垫头在每盎司 3 英镑 17 先令 10.5 便士和 3 英镑 17 先令 9 便士之间的差异相仿佛；不过为了避免经常变动价格的麻烦，可以将每盎司 1.5 便士的差额适当地放宽一些，比如可以放宽到 0.5%—10% 之间。银行在将当时愿意购进和售出的黄金的价格予以确定之后，就可以使英美两国的汇率在相应的程度之内取得稳定，而不至于一有风吹草动就马上发生变化，只是当银行方面经过了审慎考虑之后，认为为了英镑物价的稳定而使汇率加以改变有其必要之时，才应有所变化。

如果在银行贴现率与银行黄金兑换比率相结合的情况下，造成了黄金的过度流入或流出，那么，英格兰银行就要研究一下具体情况，弄清楚这种流入流出的状况是由于偏离了国内动态还是国外动态所带来的结果。为了让我们对此有一个较为明确的认识，现在假设黄金发生了对外流出的趋势。如果这看来是由于以商品来衡量时英镑有了价格下跌的趋势，那么，正确的补救办法就应当是提高银行贴现率。另一方面，如果这看起来是由于以商品来衡量时黄金有了价格上涨的趋势，那么，正确的补救办法就应当是提高黄金的价格（也就是提高黄金购进价格）。此外，如果这种流动的趋势看起来是由于季节关系或其他暂时的影响所致，那么就应当任其自然（当然，这要假定此时的银行黄金准备足以应对任何可能的要求），而不施予任何的约束，在随后的反应中这种情况是会得到修正的。

为了加强英格兰银行的控制能力，在此还有两个辅助性的建议：

（1）为了偿还美国的债务，英国财政部几乎得在每个工作日购入近 50 万美元。很显然，购买这样一笔巨款所采用的具体方式将会极大地影响汇率的短期波动。我建议，把这一任务交给英格兰银行来完成，明确其目标是使因一般性的贸易需求引发的日常的及季节性的流入流出所导致的汇率波动最小化。尤其是在全年当中合理地分配这些购买行为，乃是其任务中的重中之重，由此而极大地缓解第三章所讨论的那种常规的季节性波动。如果这一贸易需求集中在一年中的其中一半，财政部的需求则应该集中在一年中的另外一半。

(2) 如果英格兰银行还能够再进一步，每日公布价格的变化，其内容不仅仅包括黄金的即期购入价格和售出价格，而且还包括三个月的期货价格，那么，这就是在这里所建议的制度基础上实现了技术上的改进，但是其基本特征却未加改变。现货价格和期货价格二者之间如果出现了任何差异，那这一差值所体现出来的不是后者对前者的贴水就是升水，具体的情况要看银行是要在伦敦的利息率低于还是高于纽约的利息率，视银行的意向而定。英格兰银行有了黄金的远期行市，就可以为远期汇兑自由市场提供一个坚实的基础，就可以增加伦敦和纽约之间短期资金流动的便利度，这和战前的情况是极为类似的；同时，这也可以使黄金现货实际上的往返移动能够减低到最低限度。有关此点，我不再进行深入探讨，因为这只是第三章第三节中观点的一个运用，如果读者愿意回去翻看一下前文的论述，可以得到非常清楚的说明。

有关货币发行管理的问题，迄今尚未解决。如果读者诸君一旦认识到，撇开那些对传统的无视之外，我在此的提议与现行的情况并无本质上的区别，那么，你们会觉得这些提议可能并没有什么惊人之处。当亟须缩减信贷和购买力来使法定货币维持在法律允许的水平上时，如果还是把根据所发行的货币量来持有固定的黄金数量作为目标，那么，这个目标就是在树立一种无法让人轻易忽视的危险信号。

虽然这个体制聊胜于无，但就其思想而言，它还是非常初步的，而且，事实上它不过是信贷和货币发展的早期阶段遗留下来的残迹罢了。之所以这么说，乃是因为它具有两大劣势。就我们根据货币发行来固定最低黄金储备量这一点而言，其作用在于使这一黄金的数量不予流动，由此减少实际上可用作价值贮藏的黄金量，以弥补一国国际收支暂时或突然出现的赤字。对于向预先规定的最低数量的趋近，或者超出该值，我们把这些当作警示我们要缩减信贷或鼓励我们扩张信贷的晴雨表，在这一方面，我们所使用的标准，乃是如今大多数人为实现目标退而求其次的选择，因为这个标准无法非**常及时地**给出必要的警示。如果我们观察到黄金数量发生了变化，这就说明，非均衡的情况已经持续了相当长一段时间。虽然这一标准可能会让我们一方面注意及时地对黄金的可兑换性加以维护，或者另一方面提醒我们要防止黄金过度流动，但是，它却无法及时做到这些，以避免价格方面不利的振荡。的确，当每个人所思所想都要维护黄金的可兑换性（只要我们处在不受管制的金本位制度之下，这确实也是我们唯一能够考虑的事情），并且在利用银行利率来作为维持价格水平和就业稳定之手段的想法，业已成为现实的政治考量之前，这种方法就是合适的选择。

我们几乎很少认识到，过去五年当中，我们的看法已经发生了多大的改变。但是，重温出版于1918年坎利夫委员会关于战后货币和汇率问题的报告，我们会对自彼时以来所走过的历程何其之远，有一番鲜活的认知。这份文件和停战协定出版于同一个月份。这份报告写作之际，各国汇率取消盯住英镑，欧洲汇率在1919年出现大崩溃，1920—1921年出现巨大的繁荣和衰退，全世界的黄金都大批大批地堆放到美国，而且华盛顿在1922—1923年购入这些黄金的联邦储备政策尚未生效，没有办法消除其对价格的全部影响，从而在实际上废止这种金属充当货币，所有这一切都还没有发生。坎利夫报告完全墨守战前的陈规，不越雷池一步，细思也觉无可避免，该报告写于四年大战的过渡期之后、和平在望之前，对于过去五年的革命性的和无法预见到的历史经验，它完全没有认识。

坎利夫报告所有的遗漏之中，最值得一提的就是它完全没有述及稳定价格水平的问题；它愉快地解释了旨在恢复金本位制度的战前体制是如何通过刻意地造成"随之而来的就业趋缓"，而运作起来重回均衡状态的。坎利夫报告中的思想，早已不复为人所接受，而且几乎全然被人遗忘。今天的人们，很少还会这样来思考问题；然而，这份报告竟然对我们的政策具有权威性的指导作用，据说，英格兰银行和财政部仍然唯其马首是瞻。

我们再来看对货币发行的管制问题。如果我们认同黄金不必用于流通，而且最好按照某个不同于货币发行的黄金储备率之标准，来决定提高还是降低银行利率这样的观点，那么，就可以得出这样的推断，即只是把黄金用作价值贮藏的手段（尽管这也很重要），作为基金一样来持有这些黄金，乃是为了备不时之需，为了迅速地矫正暂时出现的国际收入的负向余额，从而维持英镑兑美元汇率日常的稳定局面。因此，所有的黄金储备均应该掌握在对此承担责任的某间权威机构手中，根据我们前文的建议，这间机构就是英格兰银行。另一方面，纸币的数量将会是贸易和就业表现、银行利率政策和国库券政策的结果，就像当前的情况一样。该制度的调节器是银行利率和国库券政策，政府的目标是要稳定贸易、价格和就业，而纸币的数量将是前者的结果（我再重复一遍，这和当前的情况一样），是后者的工具，其确切的数字既无法预测，也无须预测。把黄金作为储备持有，以应付国际紧急情况和短期债务，并不失为一种谨慎之举，但是，黄金的数量与纸币发行量之间再也不存在什么逻辑上的，或者可以计算得出的关系了；因为这两者彼此并不存在紧密或必要的关联。因此，我这样提议——这个建议听起来惊世骇俗，其实大可不必——将黄金储备彻底地与纸币发行分离开来。一旦我们接受了这一原则，这些所谓的管制措施都只不过是细枝末节的问题了。我们国家的黄金储备应该集中掌握在英格兰银行手中，以用于避免汇率上的短期波动。纸币可以由财政部发行，或者不由它来发行也没关系——这是因为财政部会从货币发行中捞取好处——但是，财政部不应在发行数量上再受到任何正式的管制约束（这样的管制要么是起不到什么作用，要么就是有害的）。除了形式之外，这一制度与现行制度并无实质的差别。

读者将会看到，在我所建议的制度之下，黄金仍然保有着一项重要的任务。迄今为止，我们还没有找到比黄金更好的媒介物，能够完成最后一道防线这样的任务，从而为应付突然而起的意外之需来做准备。但是，黄金在实际购买力上的未来变化，黄金前途如何，却是难以猜度的；我坚定地以为，不需要把我们的法定货币与黄金的这类变化趋势无条件地绑缚在一起，随着而上下波动，亦步亦趋，在这样的情况下，我们就仍然可以对它充分利用，从中博得最大的利益。

II. 美　国

上述的提议是推荐给英国的，其中的细节与英国的情况相契合。但是，其背后的原理则同样适用于大西洋彼岸。美国和英国一样，目前实际实施的办法大体上与我拥护的相合，这一半是出于自觉，一半则出于不自觉。实际上，联邦储备委员会经常忽视自己所拥有的黄金储备与其负债之间的比例关系，而且在制定其贴现率政策时，也会受到维持价格、贸易和就业稳定这些目标的影响。出于习惯和保守主义，它接受了黄金。而出于谨慎和理解，它又将之束之高阁。事实上，比起那些英国的经济学同行，美国的经济学家对于信贷周期的理论和研究热情十分高涨，也要深入很多，这就使联邦储备委员会要想忽略这些思想，或者避免——至少是不自觉地——受到这些思想的影响，较之于英格兰银行，则要困难得多。

联邦储备委员会认为管理其贴现政策当以黄金的流入流出和黄金对负债的比例做参考，其所依据的理论就像涂脂抹粉扮年轻的老年人一般。只要联邦储备委员会一开始忽视这个比例，在不允许黄金发挥其全部作用的情况下接受黄金，[1]它就立刻现出了过时的原形，而且也的确过时了。之所以这样说，只是因为到了那个时候，人们似乎并不期待出现信贷和价格的扩张。从这一天开始，几乎可以算得上是这个世界上最后一个还在口头上对黄金继续表示尊重的国家，也不再把它当成货币来对待了，美元标准在金牛雕像的基座上建立起来了。过去两年来，美国一直假装还在维持金本位制度。**实际上**，它已经建立起了美元本位制；而且，它没有做出美元价值要与黄金价值保持一致的保证，而是以极大的代价规定，黄金的价值应与美元的价值相一致。通过这个办法，一个富国把新型的智慧和传统的偏见给结合起来了。它既能享用哈佛的经济实验室所设计出来的最新的科学进步，

---

[1] 黄金流入免不了会产生**一定程度的**通胀效应，这是因为购进黄金会自动增加会员银行的余额。只要美国铸币厂还得购进黄金，就无法避开这一不受控制的因素。但是，黄金是不会再有战前制度下的那种多重影响了。

同时又使国会相信,邓基(Dungi)、达列斯(Darius)、康斯坦丁(Constantine)、利物浦勋爵(Lord Liverpool)和艾尔德里赫参议员(Senator Aldrich)根据其智慧和经验所奉为神圣不可侵犯之物的硬通货,它绝对不会不计后果地轻易放弃的。

毋庸置疑,花费这样的代价也是值得的——这话是对那些付得起这样代价的人说的。对于美国来说,这种左右逢源的做法,其成本每年不超过1亿英镑,长期平均下来,每年不会超过5 000万英镑。但是,在所有这类行为之中,总是存在着某种不确定性。当所积聚的黄金在数量上超出了一定的界限,就会引起国会的怀疑。说不定哪个参议员就会读到这本书,而且还读懂了它,对此我们可没有什么把握。这种做法早晚会失去价值。

事实上我们正想让它这样。一旦新的方法经过刻意的思考,为人们公开而有意识地遵守时,它们运作起来就会更有效率,也更为经济。哈佛的经济学家比华盛顿的同行们懂得要多,而且他们暗地里所取得的成功,转变成一场公开的胜利,已经指日可待。不管怎么样,那些负责确立英国货币准则的人们,对于美国铸币厂不久后的一天不再以固定的美元价格购入黄金这种可能性,不应置之不顾。

不再强制要求铸币厂购进黄金,不会影响现有的兑换承诺——用纸币兑换黄金的义务可能还会继续得到维护。从理论上来说,这也许可以被看作这场完美计划的一个瑕疵。不过,至少就目前而言,这样一条规定是不可能迫使美国紧缩通货的,而这种可能性构成了对于它唯一的理论上的反对之点。另一方面,保留这种可兑换性,会让那些老派的人们感到心安;而且这也可以使得为实现这样的变化,而需要做出的新的、容易引起争议的立法降到最少。许多人可能都会同意,解除铸币厂购入那些每人想要的黄金之责任,但是,如果对可兑换性擅做改动,他们还是会大感惊慌。此外,在某些非常可能会出现的情况下,兑换承诺也许确实也具有防备某一类通胀的功用,这类通胀是由与联邦储备委员会的判断相左的政治压力所带来的;因为我们对于如何保持联邦储备委员会独立于诸如农场主或其他具有政治影响的利益集团而运行,尚且并不具备足够多的经验。

其间胡佛先生和英美很多银行界的权威人士,对于这种形势的理解是相当错误的,他们认为,在贸易和投资的自然运作之下,华盛顿的黄金所占世界的比例乃是自然分散的结果,而且是一种值得期待的可能发展。目前,美国愿意在高于黄金自然价值(也就是说,如果允许黄金以战前那种传统的方式来影响信贷,并且通过信贷来影响价格时,黄金所具有的价值)的价格,敞开收购黄金;只要是这样的情况,那么黄金就一定会继续流向美国。要想截断此流(如果把美元的黄金价值之变化排除在外),那么就只能走以下两条道路中的其中一条——要么美元价值下跌,要么其他国家的黄金价值上升。这两种办法中的前一个,也即通过在美国实现通货膨胀而使美元贬值,乃是许多英国机构的希望所在。但是,这只有在联邦储备委员会当前奉行的政策发生了逆转或者无法推行时才会出现。此外,如今多余的黄金数量如此巨大,而其他国家吸收黄金的能力又大为减弱,以至于通货膨胀必须持续足够长一段时间,而且还要达到决定性的程度,才能实现我们想要的那种结果。美元价格必须升到非常高的水平,在这样的价格水平下,美国那些因此而穷困不堪的人们,渴求得到真正的商品,而手中只有"饥不可食,寒不可衣"的硬邦邦的金块,他们愿意放弃价值 2 亿英镑的黄金,只为了换取他们想要的商品,只有到了这样的价格水平，我们想要的那种结果才能实现。美国的银行机构可能会在合适的时机发出通告，称如果黄金不再为人们所需要，而且一定要摆脱黄金所带来的束缚的话，那降低黄金的美元价格岂不简单得多。如果要抛售多余的存货，不管它是黄金还是铜或小麦，唯一的办法就是把价格降下来。

另外一种方法，也即其他国家的黄金价值上升，除非其他某个国家或某些国家介入进来，帮助美国解围，不再让它继续吃进那些它并不想要的黄金，否则是不可能实现的。英国、法国、意大利、荷兰、瑞典、阿根廷、日本和许多其他国家，均有着充足的闲置黄金，尽够它们贮存起来应对不时之需。即便它们偏爱黄金胜过其他物品，也不存在什么障碍阻止它们现在就可以买到黄金。

有一种观念认为，美国可以通过更多地向其他国家提供贷款来减少自己拥有的黄金量，这种认识是不全面的。只有当这种贷款是通货膨胀性质的贷款，而不是通过削减开支并降低在其他方面的投资时，才会实现这种结果。那些由实际储蓄而形成的对外投资，并不能帮助美国卸下黄金的重压，正如同它也不能帮助英国做到这一点一样。但是，如果美国把大量的美元购买力置于外国人之手，以之作为本国国民手中原本持有的购买力之外纯粹的增加部分，那么，价格无疑会上升，我们就会又回到了前面所讨论过的那种通过常规的通胀过程来让美元贬值的办法。因此，请求美国以增加其对外投资之法来处理其黄金问题，除非把它作为一种通货膨胀的政策来对待，否则的话是万难有效的。

因此，我认为，同样一项政策，对英国来说是明智之举，那么对美国来说也会是这样，这就是要以美元的商品价值之稳定为目的，而不应以美元的黄金价值之稳定作为追求的目标，如有必要，可以通过改变美元的黄金价值，来实现美元的商品价值之稳定。

如果英美两国都采用了这一政策，并且都取得了成功，那么，我们第三个殷切希望实现的目标，也即美元汇兑本位制的稳定，也就会自然而然地随之实现。霍特里先生认为，理想状态是联邦储备委员会与英格兰银行亲密合作，其结果必将是同时取得价格和汇率的稳定，对此我深表同意。不过，我建议，这种合作应该在经验和互利的基础上发展起来，任何一方都不要受制于另一方，这就更加明智，也更加现实。如果英格兰银行主要追求英镑的稳定，而联邦储备委员会则属意于美元的稳定，那么，双方各行其是，可能会比英镑按照法律的规定以固定的汇率兑换美元，并且英格兰银行在对联邦储备委员会施加影响令其保持美元稳定的能力受到限制所带来的结果要更好一些。对于双方来说，合作并非没有代价，也可能会出现纠纷，尤其是在保持美元稳定需要花费巨额的支出吃进根本就不想要的黄金时，这类纠纷就更容易出现。

我们已经到达了货币演化史上的这样一个阶段，在这个阶段，"管理型"货币已是势在必行，但是，我们还没有到可以把通货管理之权全部委托于一个权威机构的份上。因此，我们所能做的最好的事情，莫过于同时拥有**两种**管理型货币，一个是英镑，一个是美元；在管理的目标和方式上，尽可能密切地进行合作。

III. 其他国家

在这种情况下，其他国家应该选择走一条什么样的道路呢？ 不妨先假设我们所讨论的这些国家，尚没有失去对其通货的控制。不过，不久之后，几乎所有国家都会重新取得这种对货币的控制权力，这样的阶段不但会到来，也应该到来。在俄国、波兰和德国，政府唯一需要做的事情，应当是开发其他的收入来源，而不是一味地像我们在第二章所讲述的那样，对货币的使用征收通胀税或营业税。在法国和意大利，唯一要做的事情是，法郎和里拉应该贬值到一定的水平，在这个水平上，纳税人的能力足以偿还国内的债务。

一旦重新取得对货币的控制，除了英国和美国之外，可能就不会有其他国家有什么理由再去试图建立一套独立的本位制度了。对于这些国家来说，最为明智之举就是采用汇率本位制，以英镑或美元作为货币基础，将其汇率按照其中一种货币形式固定下来（当然，英镑和美元之间出现严重分歧时，可能也要谨慎地进行改换），并通过在国内持有黄金储备，在伦敦和纽约留有余额，以防短期的波动，从而维持汇率的稳定，同时通过对银行利率和其他方法的使用，来管制购买力的大小，以之来维护更长时期上相对价格水平的稳定。

也许，大英帝国（加拿大除外）和欧洲其他国家会采用英镑本位制；而加拿大和南北美洲的其他国家会采用美元本位制。但每个国家都可以自由选择，直到有一天，随着认识和理解的深入，两种本位制之间达成了完美的和谐关系，此时再去选择哪种本位制度，已经没有所谓了。

译者跋

约翰·梅纳德·凯恩斯是二十世纪当之无愧的伟大经济学家和重要思想家，其经济思想对今天世界各国的经济政策制定仍然有着相当的影响。

凯恩斯生前一共出版过九部著作，分别是：《印度的通货与金融》，《凡尔赛和约的经济后果》，《论概率》，《条约的修正》，《货币改革略论》，《货币论》（上下册），《劝说集》，《传记文集》，《就业、利息与货币通论》。此外，他还出版过六本小册子作品。译者在研习经济思想史时，发现凯恩斯著作的汉译本虽然很多，但多是对其中几本名著如《就业、利息与货币通论》和《货币论》的重译，而诸如《货币改革略论》和《论概率》这类反映其思想渊源与流变的重要著作，却付诸阙如。经过几年的阅读和准备之后，译者这才起心动念，打算在前人译本的基础上，提供一套较为完备的凯恩斯生前审定出版之著作的中文译本。

凯恩斯先生是一代英文大家，译者虽然不辞辛劳，心里存着追慕远哲、裨益来者的决心，但是才疏学浅，译文中的错讹之处必多。祈望海内外学人，对于译文能够多所教诲，译者先在这里表达一下不胜感激之情。

李井奎

写于浙江工商大学·钱塘之滨

图书在版编目(CIP)数据

货币改革略论/(英)约翰·梅纳德·凯恩斯著;李井奎译.—上海:复旦大学出版社,2023.9
(约翰·梅纳德·凯恩斯文集)
书名原文:A Tract On Monetary Reform
ISBN 978-7-309-16970-6

Ⅰ.①货… Ⅱ.①约…②李… Ⅲ.①货币改革 Ⅳ.①F820.2

中国国家版本馆 CIP 数据核字(2023)第 167474 号

本书据 MacMillan and Co., Limited 出版公司 1924 年版 *A Tract On Monetary Reform* 译出。
中文简体翻译版由译者授权复旦大学出版社有限公司出版发行,版权所有,未经出版者预先书面许可,不得以任何方式复制或发行本书的任何部分内容。

货币改革略论
[英]约翰·梅纳德·凯恩斯 著
李井奎 译
责任编辑/谷 雨
装帧设计/胡 枫

复旦大学出版社有限公司出版发行
上海市国权路 579 号 邮编:200433
网址: fupnet@ fudanpress.com http://www.fudanpress.com
门市零售:86-21-65102580 团体订购:86-21-65104505
出版部电话:86-21-65642845
上海盛通时代印刷有限公司

开本 787×960 1/16 印张 11.75 字数 135 千
2023 年 9 月第 1 版
2023 年 9 月第 1 版第 1 次印刷

ISBN 978-7-309-16970-6/F·2996
定价:88.00 元

如有印装质量问题,请向复旦大学出版社有限公司出版部调换。
版权所有 侵权必究